BAR KOCHATELIER SALON RESTAURANT CONDITOREI

Hiltl.
Vegetarisch.
Die
Welt
zu
Gast

AUSGESCHIEDEN

HILTL
since 1898

Gewidmet meiner Familie.

Rolf Hiltl

OLDEST VEGETARIAN RESTAURANT IN THE WORLD

HILTL 1898

Hiltl.
Vegetarisch.
Die Welt zu Gast

WERDVERLAG.CH

6. überarbeitete Auflage 2020

© 2020 Werd & Weber Verlag AG, Thun/Gwatt
www.werdverlag.ch
Alle Rechte vorbehalten

Dieses Werk ist urheberrechtlich geschützt. Dadurch begründete Rechte, insbesondere der Übersetzung, des Nachdrucks, des Vortrags, der Entnahme von Abbildungen und Tabellen, der Funksendung, der Mikroverfilmung oder der Vervielfältigung auf andern Wegen und der Speicherung in Datenverarbeitungsanlagen, bleiben, auch bei nur auszugsweiser Verwertung, vorbehalten. Vervielfältigungen des Werkes oder von Teilen des Werkes sind auch im Einzelfall nur in den Grenzen der gesetzlichen Bestimmungen des Urheberrechtsgesetzes in der jeweils geltenden Fassung zulässig. Sie sind grundsätzlich vergütungspflichtig.

Rezepte: Familie Hiltl und ihre Köche
Styling & Rezeptredaktion neue Rezepte: Dorrit Türck
Fotos: Marie-Pierre Morel, Paris (Rezepte und Restaurant); Gian Giovagnoli (Restaurant), Larissa Schneider (Rezepte), Joline Tingley (Rezepte, Rubriken)
Geschichte und Porträt des Unternehmens und vom Haus Hiltl: Urs Bühler, Zürich
Korrektorat: Dominik Süess, Zürich; Alain Diezig, Werd & Weber Verlag AG
Konzept und Gestaltung: Heiri Scherer, Scherer Kleiber CD, Luzern
Konzept-Mitarbeit: Luki Huber, Barcelona
Satz: Stephan Cuber, diaphan gestaltung; Susanne Mani, Werd & Weber Verlag AG
Druck: Neografia, Slowakei

ISBN 978-3-03922-042-7
Bibliografische Information der Deutschen Nationalbibliothek: Die Deutsche Nationalbibliothek verzeichnet diese Publikation in der Deutschen Nationalbibliografie; detaillierte bibliografische Daten sind im Internet abrufbar über
http://dnb.d-nb.de

Der Verlag Werd & Weber wird vom Bundesamt für Kultur mit einem Strukturbeitrag für die Jahre 2016–2020 unterstützt.

HILTL
CAFE
IMBISS
BAR
KOCHATELIER
SALON
RESTAURANT
BAR
HILTL

INHALT

8 Rolf Hiltl im Gespräch

11 Zu Tisch!

Suppen

14 Tomaten-Orangen-Suppe
16 Kalte Melonensuppe
18 Harira-Suppe
20 Fenchel-Absinth-Suppe
22 Kürbis-Kokos-Suppe

Salate

26 Salade Niçoise
28 Asia-Noodles-Salat
30 Wakame-Gurken-Salat
32 Caesar Salad
34 Italienischer Tofusalat
36 Chicorée-Marroni-Salat
38 Stangensellerie-Karambole-Salat
40 Cambozola-Salat

Vorspeisen Snacks

44 Favabohnen-Mus
46 Green Banana Fritters
48 Pilz-Feuilleté
50 Gefüllte Jalapeños
52 Crispy Tofu
54 Auberginen-Kaviar
56 Dattel-Käse-Mousse

Gemüse Pilze

60 Indisches Jalfrezi
62 Eierschwämmli
64 Feta-Safran-Artischocken
66 Vanille-Karotten
68 Gorgonzola-Zucchetti
70 Karotten-Pflaumen-Tagine
72 Malaysia Rendang
74 Kürbis an Tomaten-Mandel-Sauce
76 Blumenkohl an grüner Pfeffersauce
78 Südindisches Black-Curry
80 Mega-Gemüsespiess
82 Kartoffel-Halloumi-Plätzchen
84 Persische Auberginen

Getreide Pasta

88 Safran-Nudeln
90 Spaghetti Bolognese
92 Südindische Kokosnudeln
94 Mee Goreng
96 Citrus Noodles
98 Sam Tam Ba Mee
100 Gemüse-Paella
102 Kürbis-Honig-Risotto
104 Dill-Reis mit Linsen
106 Berberitzen-Pilaf
108 Kaiserknödel
110 Linsenterrine

Tofu & Co.

114 Tofu Mirsang
116 Kung Pao
118 Westindisches Vindaloo
120 Karhai Paneer
122 Grünes Thai-Curry
124 Pisang Paneer

INHALT

Saucen Chutneys

128 Grüne Thai-Currypaste
130 Mango-Apfel-Chutney
132 Cranberry-Apfel-Sauce
134 Zimt-Harissa
136 Birnen-Zimt-Chutney
138 Feta-Chili-Dip
140 Gemüsebouillon

Desserts

144 Crème brûlée
146 Quark-Kuchen
148 Mango-Mousse
150 Schoggi-Mousse

Getränke

154 Tutti-Frutti-Saft
154 Lychee-Mandarinen-Saft
156 Mango Lassi
156 Rooibush-Eistee
157 Limonana
157 Orangen-Limonade
158 Himbeer-Thymian-Splash
158 Erdbeer-Basilikum-Caipirinha
160 Hiltl-Lillet
160 Zitronengras-Ingwer-Mojito

162 Vegetarische Ernährung

164 Hybrides Konzept

166 Team

168 Die Hiltl-Geschichte

176 Hiltl für zu Hause

Deklaration

= Alkohol
= Sellerie
= Eibestandteile
= Knoblauch
= Gluten
= Milchbestandteile
= Senf
= Nüsse
= Zwiebel
= Erdnuss
= Sesam
= Soja
= ohne Ei/Mi (ohne Honig)

Rolf Hiltl im Gespräch

Weshalb ein weiteres Hiltl-Kochbuch?

Hiltl Wir erhalten viele Nachrichten von Gästen, die sich nach den Rezepten für Gerichte aus unserem Restaurant erkundigen. Die hier präsentierten Beispiele stehen auf unserer Speisekarte oder gehören zum Angebot unseres Buffets. Die Hiltl-Crew entwickelt sich ständig weiter – das gilt auch für unsere Rezepte und somit für unsere Kochbücher.

Wie gut muss man kochen können, damit diese Rezepte gelingen?

Hiltl Wir garantieren, dass sie funktionieren. Die allermeisten sind in den Abläufen bewusst kurz und einfach gehalten, doch es hat auch die eine oder andere Vorlage für ambitioniertere Köchinnen und Köche. Das Schwierigste wird bei gewissen Rezepten das Besorgen der zum Teil etwas exotischen Zutaten sein. Doch viele Zutaten gibt es heute im Hiltl Laden zu kaufen.

Welcher Art von Küche fühlen Sie sich persönlich besonders verbunden, abgesehen von der vegetarischen?

Hiltl Der indischen Küche bin ich aufgrund unserer Familiengeschichte verbunden; an der thailändischen fasziniert mich das Spiel mit den Komponenten süss, scharf und sauer; die italienische halte ich für die beste Küche überhaupt, zumal sie viele vegetarische Elemente umfasst; und die klassische Cuisine française ist mir einst in meiner Ausbildung im Grandhotel Dolder nach den Prinzipien von Auguste Escoffier nahegebracht worden – diese Kochkunst ist die Basis vieler guter Küchen.

Sie kochen oft und gerne für Ihre Familie. Sind Sie dabei eher der pedantische oder eher der chaotische Typ?

Hiltl Ich tendiere in der Privatküche eher zum Chaotischen und gehe sehr intuitiv vor. Ich gehe gerne auf lokale Märkte und kaufe dort, was ich saisonal finde. Oder ich koche aus dem etwas, was ich gerade im Kühlschrank finde.

Weshalb bevorzugen eigentlich mehr Hiltl-Gäste das Buffet, wo sie doch an den Tischen bequem À-la-Carte-Gerichte bestellen könnten?

Hiltl Es ist eine sehr schnelle, unkomplizierte und individuelle Verpflegungsform, die den heutigen Bedürfnissen sehr entgegenkommt. Man erhält, was man sieht, und man zahlt nur das, was man nimmt.

Das Haus Hiltl wird nachts zum Club. Was würde wohl Ihr Urgrossvater Ambrosius sagen, wenn er heute noch lebte und mitten in einer Party morgens um 2 Uhr das Haus beträte?

Hiltl Er hielte sich vielleicht zunächst die Ohren zu, da es in solchen Nächten etwas laut ist. Aber er war ein sehr weltoffener, vielseitig interessierter Geniesser, reiste oft, mischte sich gerne unter die Gäste. Er würde sich also gewiss schnell daran gewöhnen und sich besonders darüber freuen, dass unser Haus auch bei jungen Leuten so beliebt ist.

Zeichnet sich unter Ihren drei Kindern schon ein Kochtalent ab, das dereinst die Weiterführung der Hiltl-Tradition gewährleisten könnte?

Hiltl Wir werden sehen, unsere Kinder sind frei und sie sollen sich für ihre Zukunft frei entscheiden können. Wir werden also sehen, was passieren wird. Bis dahin habe ich aber noch viel vor.

Das Interview führte Urs Bühler.

VEGET. RESTAURANT

A. HILTL · VEGETARIERHEIM · SIHLST. 28

MITTAG- & ABENDESSEN

KAFFEE · THEE · SCHOKOLADE

KONDITOREI ALKOHOL-FREIE GETRÄNKE

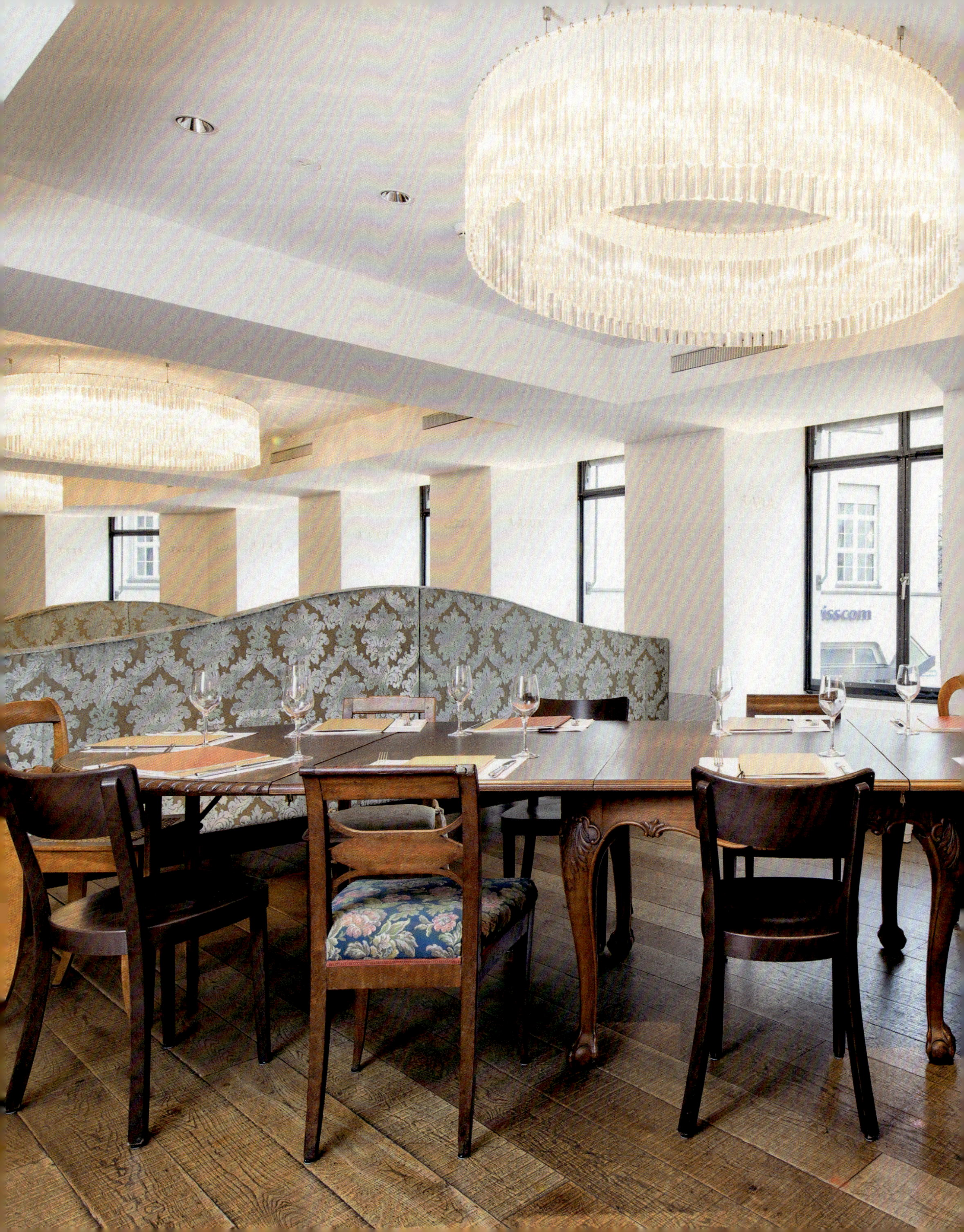

Zu Tisch!

Das Kochen gehört in aller Welt zu den elementaren Kulturtechniken. Und es gilt nicht nur als eine der sinnlichsten Arten, Gäste zu beglücken, sondern als der eigentliche Königsweg zu diesem Ziel. Auf diesem Weg gibt es die geborenen Gastgeber, die in allem eine wunderbare Balance finden: Sie widmen der Küchenarbeit ein gerüttelt Mass an Zeit und Aufmerksamkeit, aber nicht so viel, dass sie die Gäste darob vernachlässigen würden; sie verwenden erlesene Zutaten, ohne am Tisch ständig auf deren Exklusivität hinweisen zu müssen, sie wissen eine Tafel zu dekorieren, ohne sie zu überladen, sie haben das Zeitmanagement voll im Griff, ohne dass sich die Tischrunde dadurch in ein Korsett gezwängt fühlte. Nebst diesem Idealtypus lassen sich Kategorien von oft nicht minder liebenswürdigen, aber eben etwas weniger ausgereiften Gastgebern ausmachen. Zu diesen gehören etwa jene, die vor allem ihr eigenes Ego bewirten. Sie entschuldigen sich für fünf Minuten und bleiben dann eine geschlagene Stunde lang von der Küche verschluckt. Dort rühren sie an mit grosser Kelle und türmen virtuos die Zeugnisse ihrer Meisterschaft auf. Sie kredenzen gebratene Entenleber mit Wasabi-Eis und Hochsteckfrisur, sie brillieren mit Abstechern in die molekulare Küche, sie verteilen den Tischgästen sogar richtige Menükarten, gespickt mit französischen Wortketten. Misslingt diesen Künstlern aber etwas, dann ziehen sie stundenlang ein beleidigtes Gesicht und verderben der ganzen Gesellschaft den Abend. Unser Tipp für diesen Typus: Vergessen Sie den ganzen Zirkus und laden Sie einmal zu einem simplen Eintopf ein. Sie werden staunen, wie sehr Ihnen die Herzen zufliegen!

Ein anderes Extrem stellen die Gastgeber dar, die Eingeladene zu Beginn als Versuchskaninchen titulieren und sich im weiteren Verlauf des Abends nur noch entschuldigen: für den angeblich verbrannten Teig, die vermeintlich zu trockene Olivenpaste nach neustem Rezept, für einen Wein mit mutmasslichem Zapfengeschmack. Dabei wäre doch eigentlich alles tadellos. Das ist insofern unangenehm, als es die Gäste ständig dazu zwingt, zu widersprechen. Eine ganz andere Form, die aber schliesslich zu ähnlicher Diagnose führt, bildet die Kategorie der unwirschen Gastgeber. Sie knallen die Töpfe auf den Tisch, als wollten sie daran erinnern, dass das Wort «Gast» in seinen sprachgeschichtlichen Ursprüngen gleichviel bedeutete wie «Feind». Es braucht schon einiges Gespür, um dahinterzukommen, dass dieses burschikose Auftreten nur dazu dient, Komplexe zu kaschieren. Unser Tipp für beide Typen: Lösen Sie sich von der fixen Vorstellung, dass die Gäste des Essens wegen kämen. Sie kommen vor allem Ihretwegen. Sie schätzen Ihre Gesellschaft. Wie unterschiedlich sie sich auch präsentieren, den meisten Gastgebern ist eines gemeinsam: Sie holen sich den Grossteil ihrer Ideen aus Kochbüchern. Der vorliegende Band richtet sich selbstverständlich an alle Typen von Gastgebern, wird aber wohl jenen am meisten Freude bereiten, die auf eine gradlinige Kochkunst setzen – auf Kombinationen, die überraschend sind, ohne gesucht zu wirken, auf Kreationen, die von Raffinesse, aber nicht von Firlefanz zeugen. Vor allem aber richtet sich diese Sammlung von Hiltl-Rezepten an all jene, die davon überzeugt sind, dass man für ein perfektes Menü weder einen Braten aus dem Ofen ziehen noch ein Rindsfilet niedergaren muss, im Gegenteil: Wer das zur Kür macht, was gemeinhin immer noch als Pflicht und Beilage deklariert wird, kann zum Meister, zur Meisterin werden. Und mit dieser Gewissheit lässt sich am Herd die Vorfreude auf die Gäste auskosten, die in wenigen Stunden am Tisch sitzen werden, um in geselliger Runde ihre Sinne verwöhnen zu lassen. Diese Aussicht ist es, die das Bewirten von Gästen zur Herausforderung und zugleich zum Vergnügen macht.

Urs Bühler

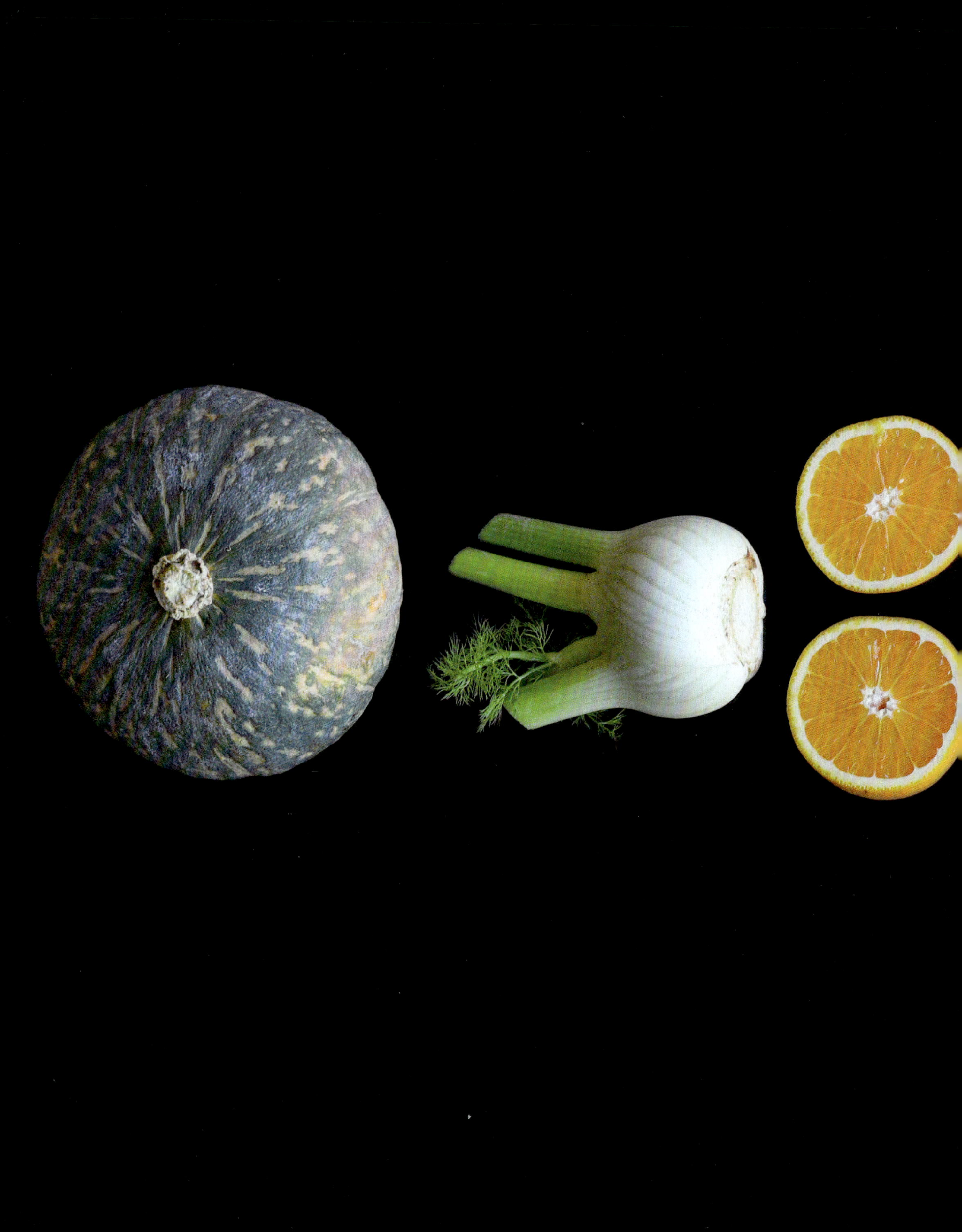

Suppen

SUPPEN

Tomaten-Orangen-Suppe
Klassiker neu interpretiert

4 Portionen

500 g Tomaten
15 g Butter
1 Zwiebel
2 EL Tomatenpüree
2 EL Mehl
3 Zweige Basilikum
1 l Gemüsebouillon
 (siehe S. 140)

Orangenreduktion
4 dl Orangensaft,
 frisch gepresst
2 EL Rohzucker
2 Lorbeerblätter
2 Nelken, ganz
10 schwarze Pfefferkörner
1 Zimtstange

2½ dl Rahm
Salz, schwarzer Pfeffer
 aus der Mühle

Die Tomaten kreuzweise einschneiden, kurz in siedendes Wasser tauchen, herausnehmen und kalt abschrecken. Häuten und in Würfel schneiden.

Zwiebel schälen und hacken. Die Butter erhitzen, Zwiebeln dazugeben, anziehen. Tomatenpüree dazugeben, weitere 5 Minuten anziehen.

Die Tomatenwürfel beigeben und wieder 5 Minuten anziehen.

Mit Mehl bestäuben, die Basilikumzweige dazugeben und mit der Bouillon ablöschen. Die Suppe unter Rühren aufkochen, 15 Minuten köcheln lassen.

Den Orangensaft mit Zucker und Gewürzen in einer separaten Pfanne aufkochen und bei kleiner Hitze auf ca. die Hälfte reduzieren, die Zimtstange nach 10 Minuten Kochzeit entfernen.

Die Reduktion durch ein Sieb zur Suppe geben, alles mit dem Stabmixer pürieren, den Rahm beigeben und nochmals vors Kochen bringen. Mit Salz und Pfeffer abschmecken.

TIPP Die Suppe mit einer Zimtschaum-Haube servieren. Dafür 3 dl Milch erhitzen und 2 Minuten aufmixen. Die Suppe anrichten, den Milchschaum auf die Suppe verteilen und mit wenig gemahlenem Zimt bestäuben.

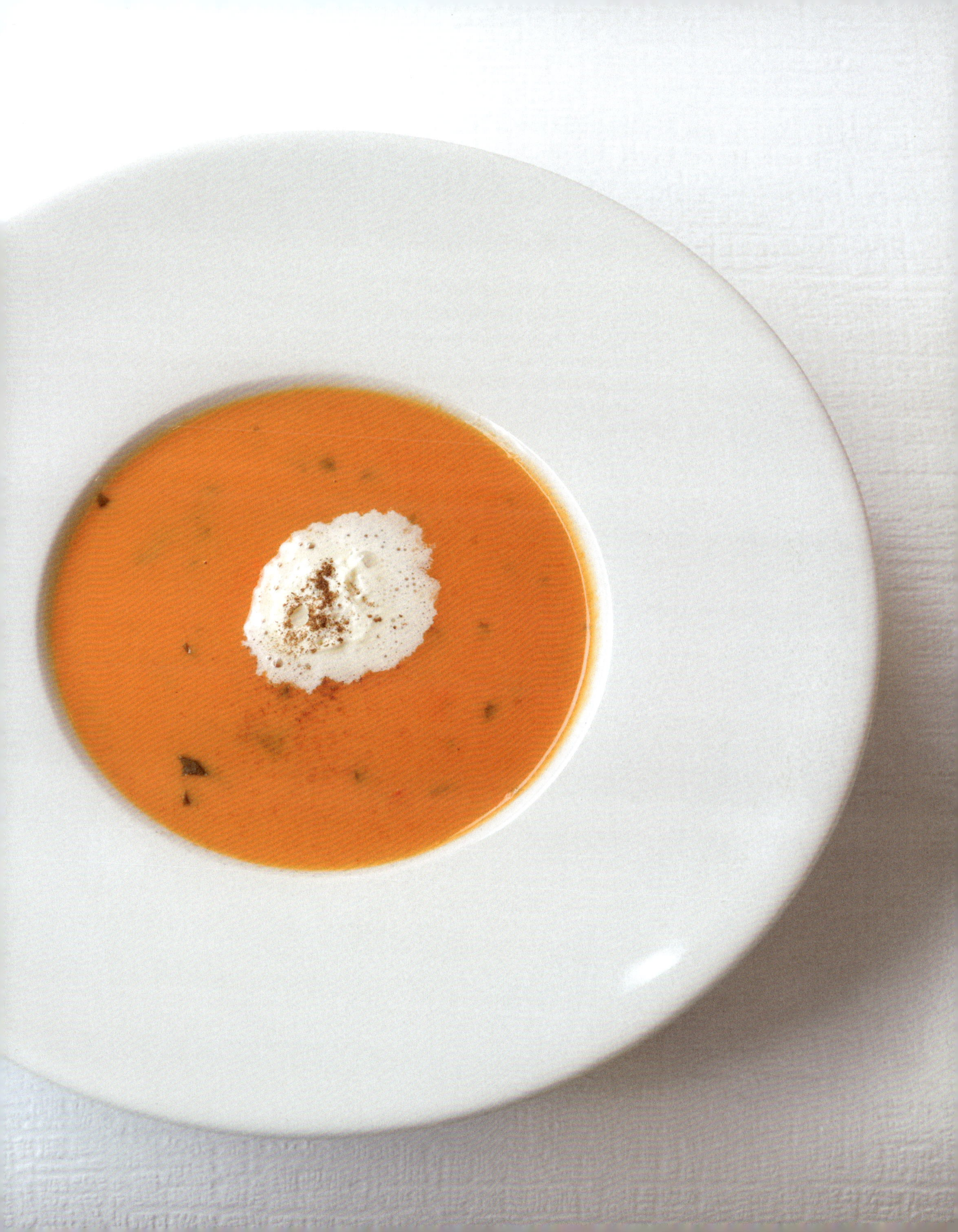

SUPPEN

Kalte Melonensuppe
mit frischer Minze

4 Portionen

800 g reife Cavaillon-Melone, gerüstet
½ Bund Minze
8 dl Gemüsebouillon, kalt (siehe S. 140)
250 g Joghurt nature
200 g Mascarpone
1 TL Salz
2 Prisen Cayennepfeffer
Salz, schwarzer Pfeffer aus der Mühle
wenig Minze als Garnitur

Die Melone in Würfel schneiden. Pfefferminze fein schneiden.

Zusammen mit allen anderen Zutaten mit dem Stabmixer pürieren, durch ein Sieb passieren und mit Salz und Pfeffer abschmecken.

1–2 Stunden kühl stellen. Anrichten und mit Minzenblättern garnieren.

TIPP Melonen sind reif, wenn sie einen aromatischen Duft verströmen und wenn sie auf Druck leicht nachgeben.

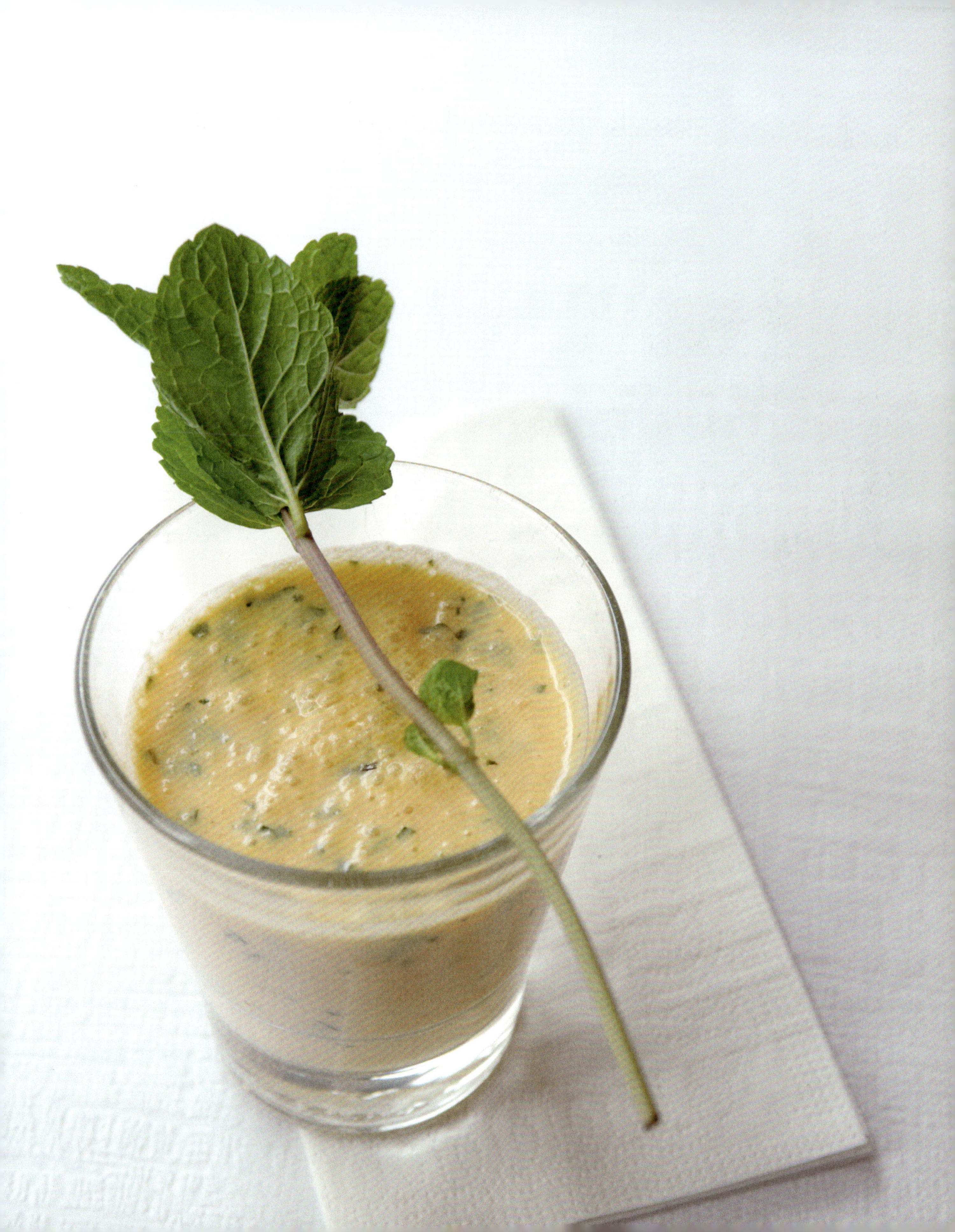

SUPPEN

Harira-Suppe
Original-Rezept aus Marokko

4 Portionen

20 g braune Linsen
20 g Fideli (feine Suppennudeln)
1 Karotte
1 Kartoffel
1 Schalotte
2 Knoblauchzehen
2 Tomaten
2 EL Olivenöl
1 EL Tomatenpüree
1 Prise Rohzucker
¼ TL Kreuzkümmel, gemahlen
½ TL Paprika, edelsüss
¾ TL Ingwer, gemahlen
½ TL Koriander, gemahlen
1 Prise Safran, gemahlen
1,2 l Gemüsebouillon (siehe S. 140)
1 EL Zitronensaft, frisch gepresst
Salz, schwarzer Pfeffer aus der Mühle

Die Linsen verlesen, waschen. Linsen und Fideli separat weich kochen, beiseitestellen.

Karotte und Kartoffel schälen, an der Bircherraffel in eine Schüssel reiben.

Schalotte schälen und in Schnitze schneiden, Knoblauch schälen und halbieren. Tomatenstrünke entfernen, Tomaten vierteln, in Würfel schneiden.

Schalottenschnitze und Knoblauch in heissem Öl anziehen. Tomatenpüree, Zucker und die Gewürze dazugeben und bei mittlerer Hitze 10 Minuten anziehen.

Geriebene Karotte und Kartoffel hinzugeben und 5 Minuten andünsten. Mit Bouillon ablöschen, 30–40 Minuten kochen lassen.

Die Suppe mit dem Stabmixer sehr fein pürieren und mit Zitronensaft, Salz und Pfeffer abschmecken. Zum Schluss Fideli und Linsen dazugeben.

TIPP Harira wird während des Ramadan zum Fastenbrechen zu Beginn des Abendessens serviert. Wer mag kann die Suppe mit frisch gehacktem Koriander oder Petersilie garnieren.

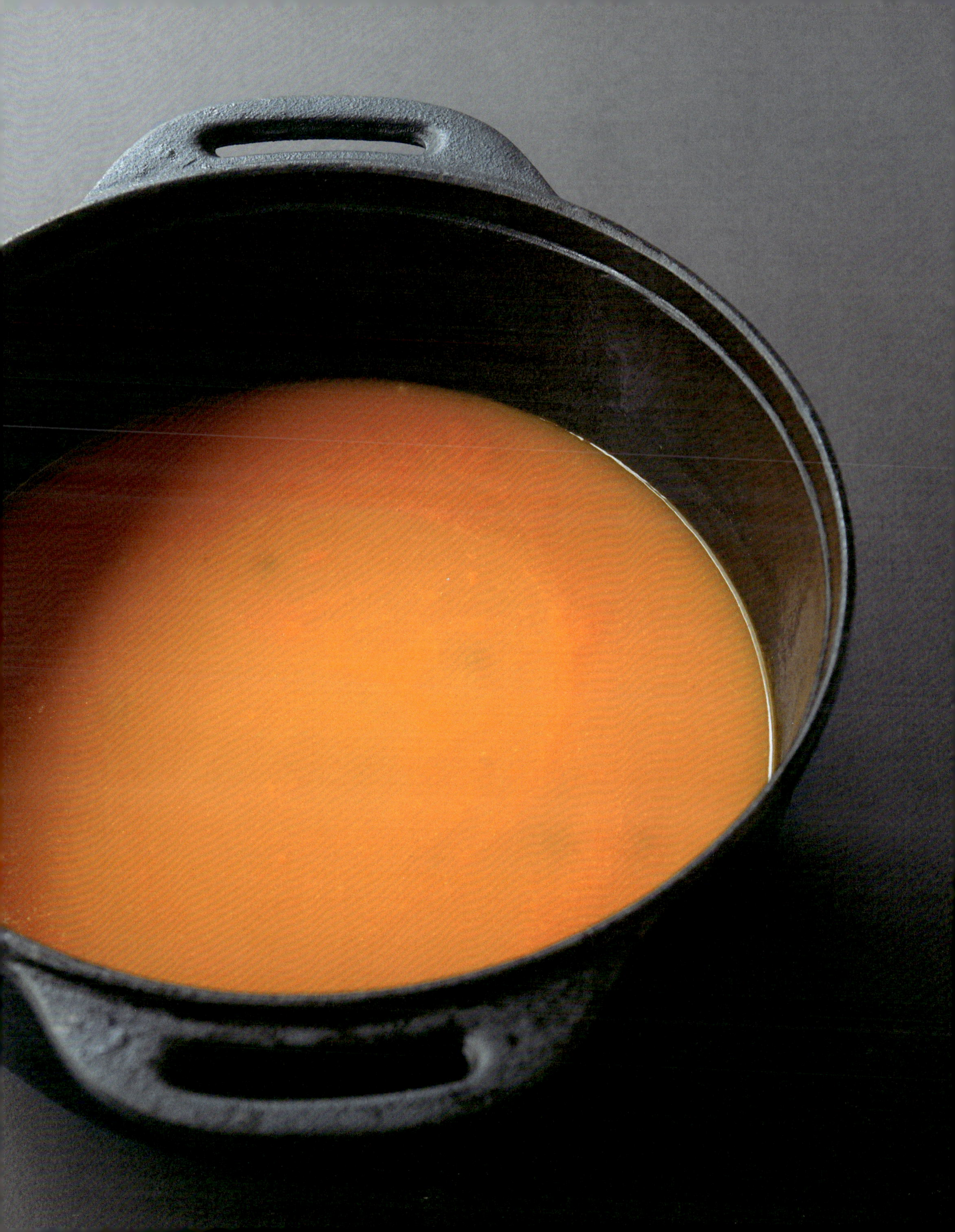

SUPPEN

Fenchel-Absinth-Suppe
mit einem Hauch Dill

4 Portionen

50 g Knollensellerie, gerüstet
1 Kartoffel, geschält
400 g Fenchel, gerüstet
20 g Butter
1 Zwiebel
½ TL Kümmel, gemahlen
2 Sternanis, ganz
1½ l Gemüsebouillon (siehe S. 140)
1 dl Absinth
2 ½ EL Sauerrahm
½ Bund Dill, gehackt
Salz, schwarzer Pfeffer aus der Mühle
wenig Sauerrahm

Alle Gemüse in 1 cm grosse Würfel schneiden. Die Zwiebel schälen und fein hacken. Die Butter schmelzen, die Zwiebeln beigeben und gut anziehen.

Die Gemüsewürfel und den Kümmel dazugeben, weitere 10 Minuten bei mittlerer Hitze anziehen.

Sternanis dazugeben, mit Bouillon ablöschen und die Suppe aufkochen. Die Hälfte des Absinths beigeben, das Gemüse weich kochen.

Sternanis entfernen, Suppe mit dem Stabmixer pürieren und durch ein Sieb passieren. Dill hacken und die Hälfte mit dem restlichen Absinth und dem Sauerrahm dazugeben.

Mit Salz und Pfeffer abschmecken und nochmals aufmixen, bis die Suppe schön schaumig ist.

Anrichten und mit einem Klacks Sauerrahm und dem restlichen Dill garnieren.

TIPP Absinth kann durch Pernod ersetzt werden, er hat einen milderen Geschmack. Die Suppe lässt sich alkoholfrei zubereiten, dafür etwas mehr Dill verwenden.

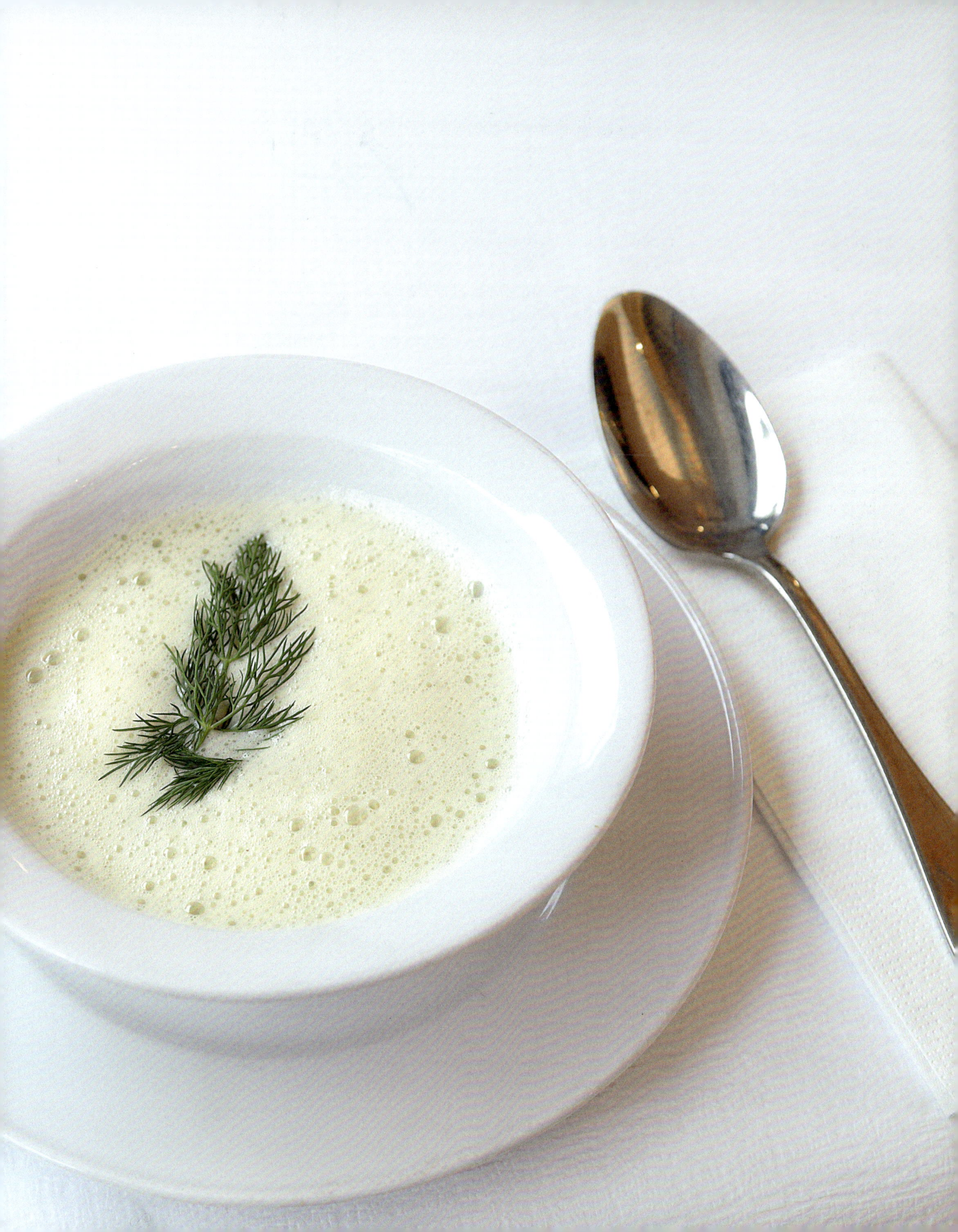

SUPPEN

Kürbis-Kokos-Suppe
unsere beliebteste Herbstsuppe

4 Portionen

1 Zwiebel

600 g Kürbis (z. B. Butternut, roter Knirps, Hokkaido)

120 g Kartoffeln

2 EL Sonnenblumenöl HO (High Oleic)

½ TL grüne Thai-Currypaste (siehe S. 128)

2 ½ dl Kokosmilch

8 dl Gemüsebouillon (siehe S. 140)

½ TL Hiltl-Curry

1 Prise Paprika, edelsüss

1 Prise Koriander, gemahlen

Salz, schwarzer Pfeffer aus der Mühle

2 Zweige Koriander, gehackt

Zwiebel schälen und fein würfeln. Kürbis rüsten, Kartoffeln schälen und alles in grobe Würfel schneiden.

Öl erhitzen und die Zwiebeln darin glasig anziehen. Den Kürbis und die Kartoffeln hinzugeben und mit anziehen. Die Currypaste unterrühren. Mit Kokosmilch und Bouillon auffüllen und zum Kochen bringen.

Die Gewürze zur Suppe geben und alles 30 Minuten kochen. Anschliessend mit dem Stabmixer pürieren.

Mit Salz und Pfeffer abschmecken und mit gehacktem Koriander bestreut servieren.

TIPP Anstatt Koriander können auch Petersilie, Schnittlauch oder Kokosflocken verwendet werden (Hiltl-Curry ist erhältlich im Hiltl Laden an der St. Annagasse).

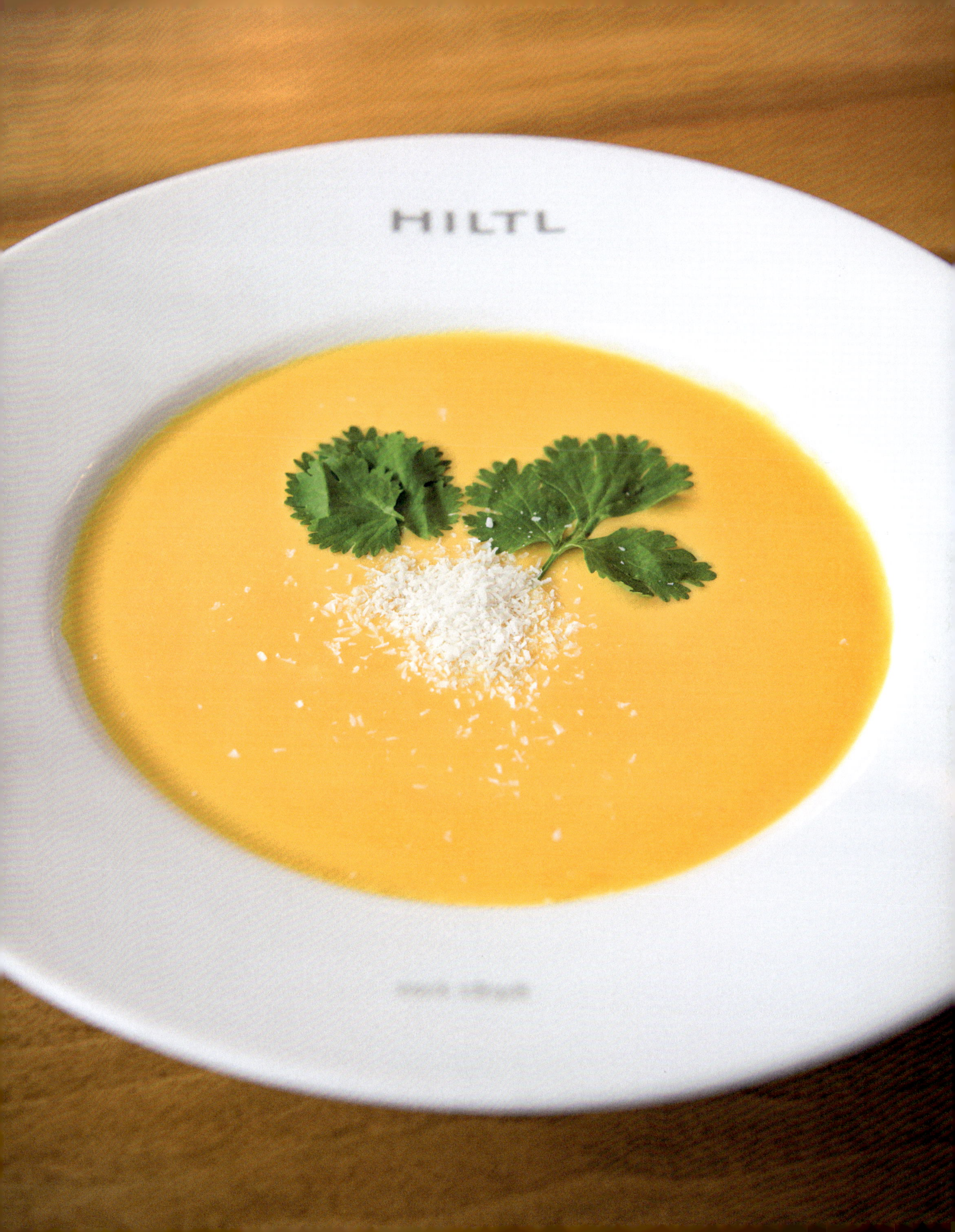
HILTL

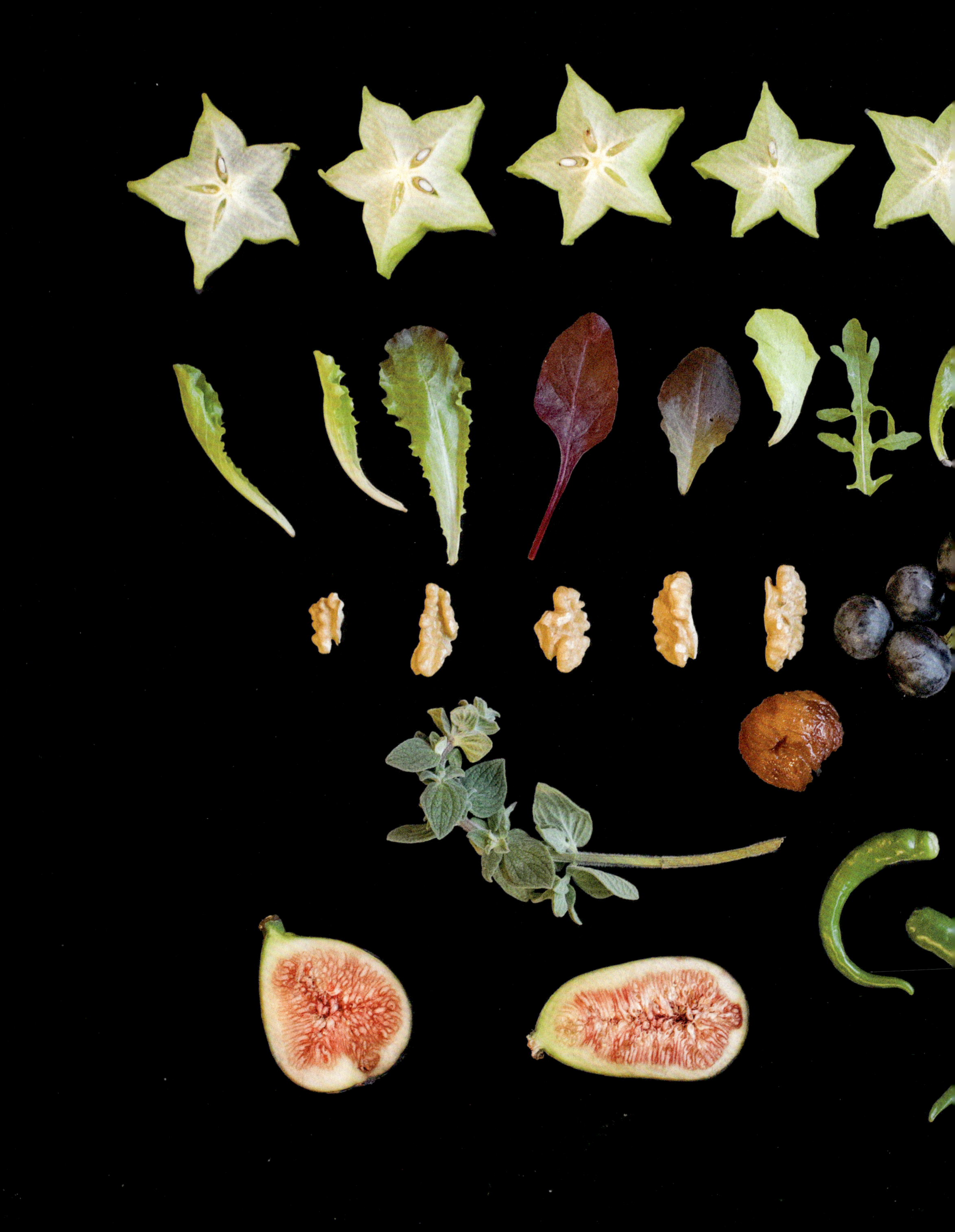

Salate

Salade Niçoise
Klassiker nach Hiltl-Art

4 Portionen

Sauce
4 Zweige Petersilie
4 EL weisser Aceto Balsamico
5 EL Rotweinessig
1 EL Dijon-Senf
1 ½ TL Salz
Schwarzer Pfeffer aus der Mühle
1 ½ dl Olivenöl

600 g Raclette-Kartoffeln
250 g grüne Bohnen
100 g Blattsalat, gerüstet
100 g Kapern
200 g schwarze Oliven, ohne Stein
2 Tomaten
4 Eier, hart gekocht
1 Zwiebel, Ringe

Für die Sauce die Petersilie hacken. Aceto Balsamico, Rotweinessig, Senf, Petersilie, Salz und Pfeffer gut verrühren. Das Olivenöl unter ständigem Rühren dazugeben.

Die Raclette-Kartoffeln ca. 20 Minuten knapp weich kochen wie Schalenkartoffeln, leicht auskühlen lassen, der Länge nach vierteln. Die grünen Bohnen in leicht gesalzenem Wasser knapp weich kochen, abgiessen, sofort mit Eiswasser abschrecken, evtl. halbieren.

Den Blattsalat waschen, abtropfen lassen und in mundgerechte Stücke teilen.

Kartoffeln, Bohnen, Blattsalat, Kapern und Oliven in einer Schüssel vermischen. Vor dem Anrichten die Sauce dazugeben und nochmals mischen.

Die Tomaten in Schnitze schneiden, die Eier schälen und in Achtel schneiden. Den gemischten Salat in die Mitte von vier Tellern anrichten, Tomatenschnitze und Eier abwechslungsweise darum herumlegen. Die Zwiebelringe über die angerichteten Salate verteilen, sofort servieren.

TIPP Im Frühsommer neue Kartoffeln verwenden.

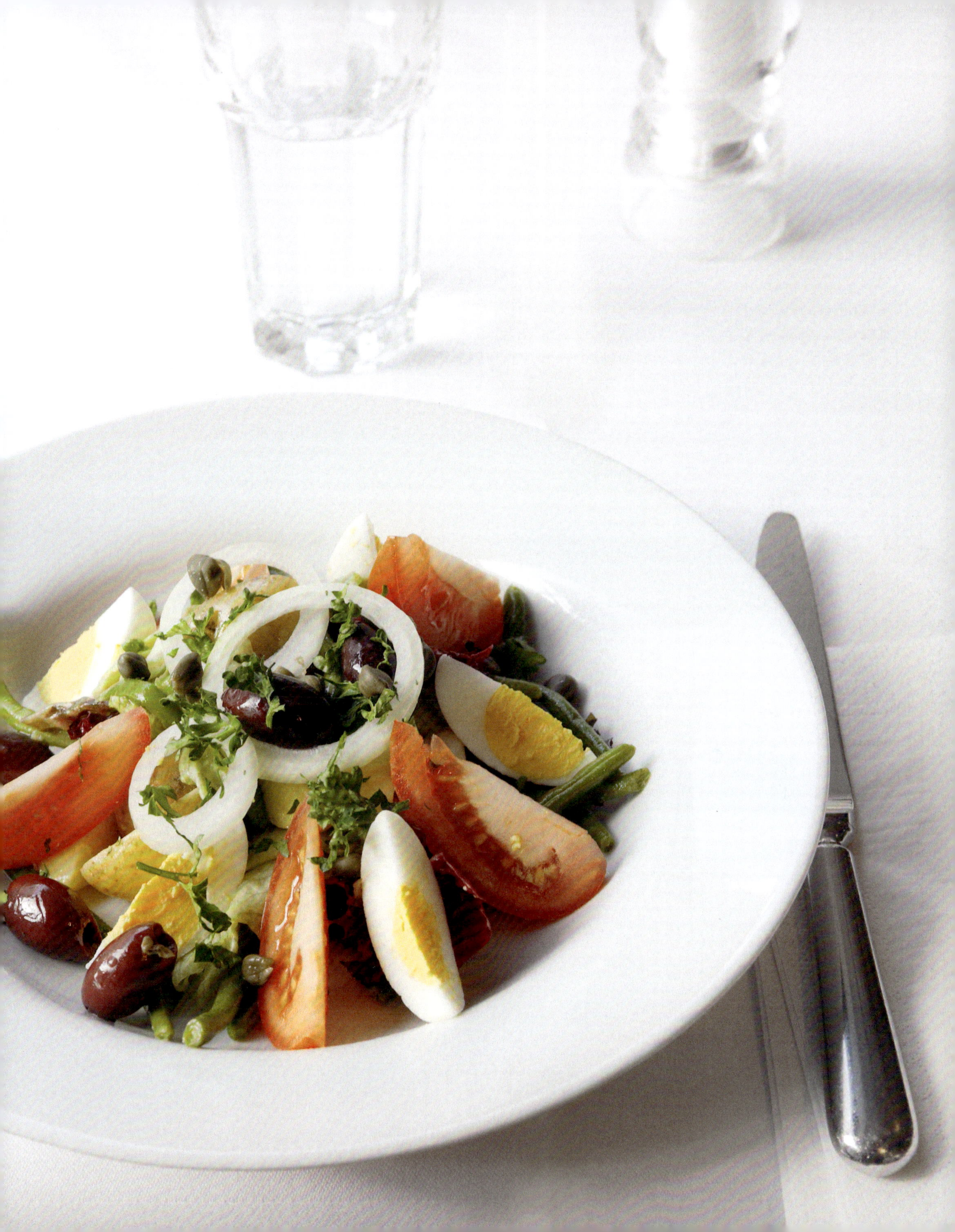

SALATE

Asia-Noodles-Salat

herrlich leichter Sommersalat

4 Portionen

100 g Reis-Vermicelli
1 l kochendes Wasser
250 g San-Marzano-Tomaten
1 Karotte
100 g Frühlingszwiebeln
40 g Sesamsamen

Sauce
1 grüne Chili, entkernt
70 g Ananas, gerüstet
2 walnussgrosse Stücke frische Ingwerwurzel
1 dl Sojasauce Tamari
1 dl Rapsöl, kaltgepresst
1 EL Sesamöl
Salz
1 Zitrone, frisch gepresster Saft
3 EL Reiswein
1 Knoblauchzehe, gehackt
1 EL Ketchup
1 TL Rohzucker

Die Reisnudeln in eine Schüssel geben und mit dem kochenden Wasser übergiessen. 30 Minuten stehen lassen, absieben und abtropfen lassen. Die Tomaten längs halbieren, entkernen und quer in feine Streifen schneiden.

Die Karotte schälen und in feine Streifen schneiden. Die Frühlingszwiebeln waschen, längs halbieren und schräg in feine Ringe schneiden. Alles mit den Nudeln mischen.

Die Sesamsamen in einer beschichteten Bratpfanne ohne Fett leicht rösten und zu den Nudeln geben.

Für die Sauce die Chilis, Ananas und den Ingwer hacken, zusammen mit den restlichen Saucenzutaten mit dem Stabmixer pürieren. Die Sauce zu den Nudeln geben und alles gut mischen, sofort servieren.

TIPP Die Sauce lässt sich auch ohne Knoblauch zubereiten, dafür mehr Ingwer verwenden (total 100 g).

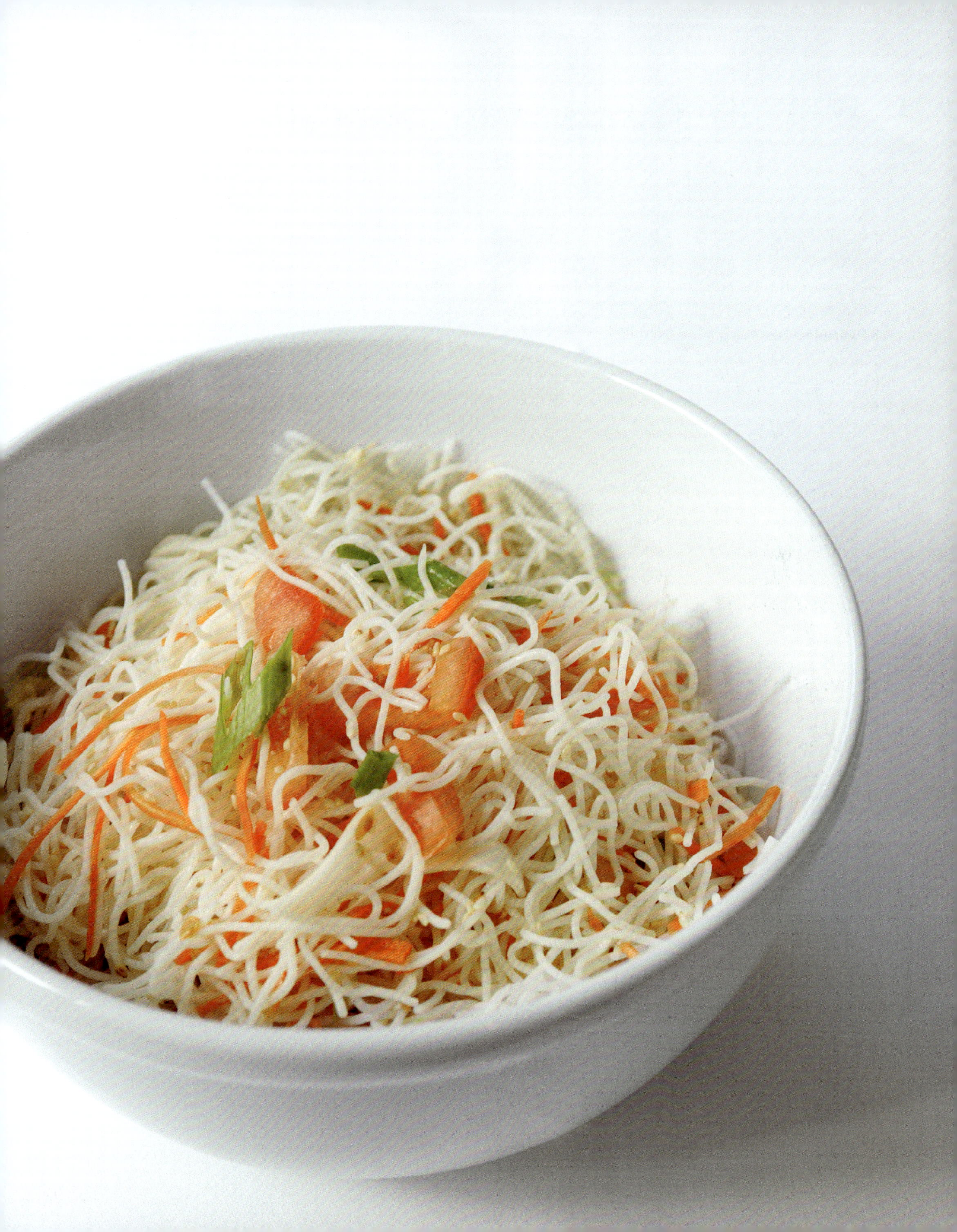

SALATE

Wakame-Gurken-Salat

leicht und erfrischend asiatisch

4 Portionen

Sauce
6 EL Sesamöl
1 walnussgrosses Stück frische Ingwerwurzel
1 ½ EL Rohzucker
1 dl Sojasauce Tamari
4 EL Zitronensaft, frisch gepresst

1 Gurke
1 grüne Peperoni
1 Bund Minze
1 Bund Koriander
20 g Wakame-Algen, getrocknet
200 g Shiitake-Pilze
1 EL Sesamöl
½ TL Salz
Rettichsprossen

Für die Sauce das Öl erhitzen, Ingwer reiben und Zucker dazugeben, goldbraun karamellisieren, vom Herd ziehen. Karamell mit Sojasauce und Zitronensaft ablöschen, leicht erwärmen, bis sich der Karamell auflöst.

Die Gurke waschen, längs halbieren, schräg in feine Scheiben schneiden. Die gewaschene Peperoni halbieren, entkernen und in feine Streifen schneiden. Minze und Koriander fein schneiden.

Die Algen 10 Minuten in kaltem Wasser einweichen, in einem Sieb abtropfen lassen, grob hacken und mit restlichen Zutaten in eine Schüssel geben.

Harte Stiele der Shiitake-Pilze wegschneiden, die Pilze in feine Scheiben schneiden.

Das Öl in einer Bratpfanne erhitzen, die Pilze portionsweise scharf anbraten.

Shiitake-Pilze mit den Gurken- und Peperonistreifen, Kräutern und Algen mischen. Sauce dazugeben, nochmals gut mischen, mit Rettichsprossen garnieren. Sofort servieren.

TIPP Wakame gibt dem Salat den Meeresgeschmack und ist im Reformhaus und in japanischen/koreanischen Läden erhältlich.

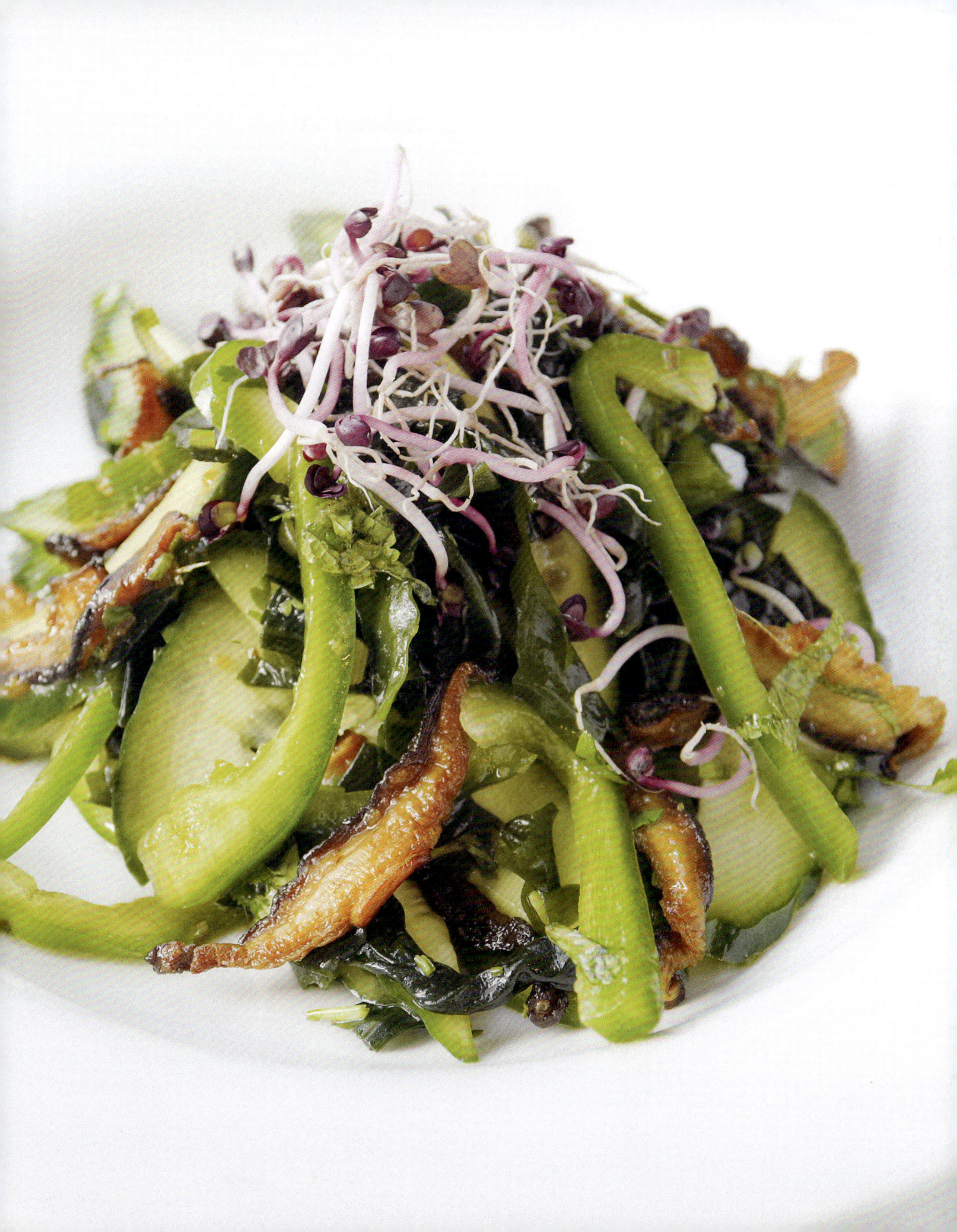

SALATE

Caesar Salad

seit Jahrzehnten unser beliebtester Sommer-Klassiker

4 Portionen

Sauce
2 dl Rapsöl, kaltgepresst
1–2 EL Zitronensaft, frisch gepresst
1 Ei
2 TL Dijon-Senf
8 EL Joghurt nature
1 Knoblauchzehe, gepresst
3 EL Hartkäse, gerieben
Salz, schwarzer Pfeffer aus der Mühle

3 Scheiben Toastbrot
20 g Butter
250 g Räuchertofu
2 EL Olivenöl
4 Eier, hart gekocht
4 Römer-Salate (Lattich)
30 g Hartkäse, gerieben
1 Zitrone, Schnitze

Für die Sauce Rapsöl, Zitronensaft, Ei und Senf in einen schmalen, hohen Mixbecher geben. Mit dem Stabmixer, ohne ihn zu bewegen, 30 Sekunden mixen. Stabmixer einmal hochziehen.

Den Joghurt, die Knoblauchzehe und den Hartkäse unter die entstandene Mayonnaise mischen, nochmals kurz mixen, mit Salz und Pfeffer abschmecken.

Das Toastbrot in 1 cm grosse Würfel schneiden und in der Butter knusprige, goldbraune Croûtons braten. Auf Haushaltpapier entfetten. Den Tofu in 1 cm grosse Würfel schneiden, in heissem Öl goldbraun braten und auf Haushaltpapier entfetten.

Die hart gekochten Eier unter kaltem Wasser abschrecken, schälen und in Achtel schneiden. Den Lattich waschen, zupfen und mit dem Hartkäse, den Croûtons und den Tofuwürfeln mischen.

Kurz vor dem Servieren mit der Sauce mischen, anrichten und mit den Eiern und Zitronenschnitzen garnieren. Sofort servieren.

TIPP Mit frisch gehacktem Schnittlauch garnieren.

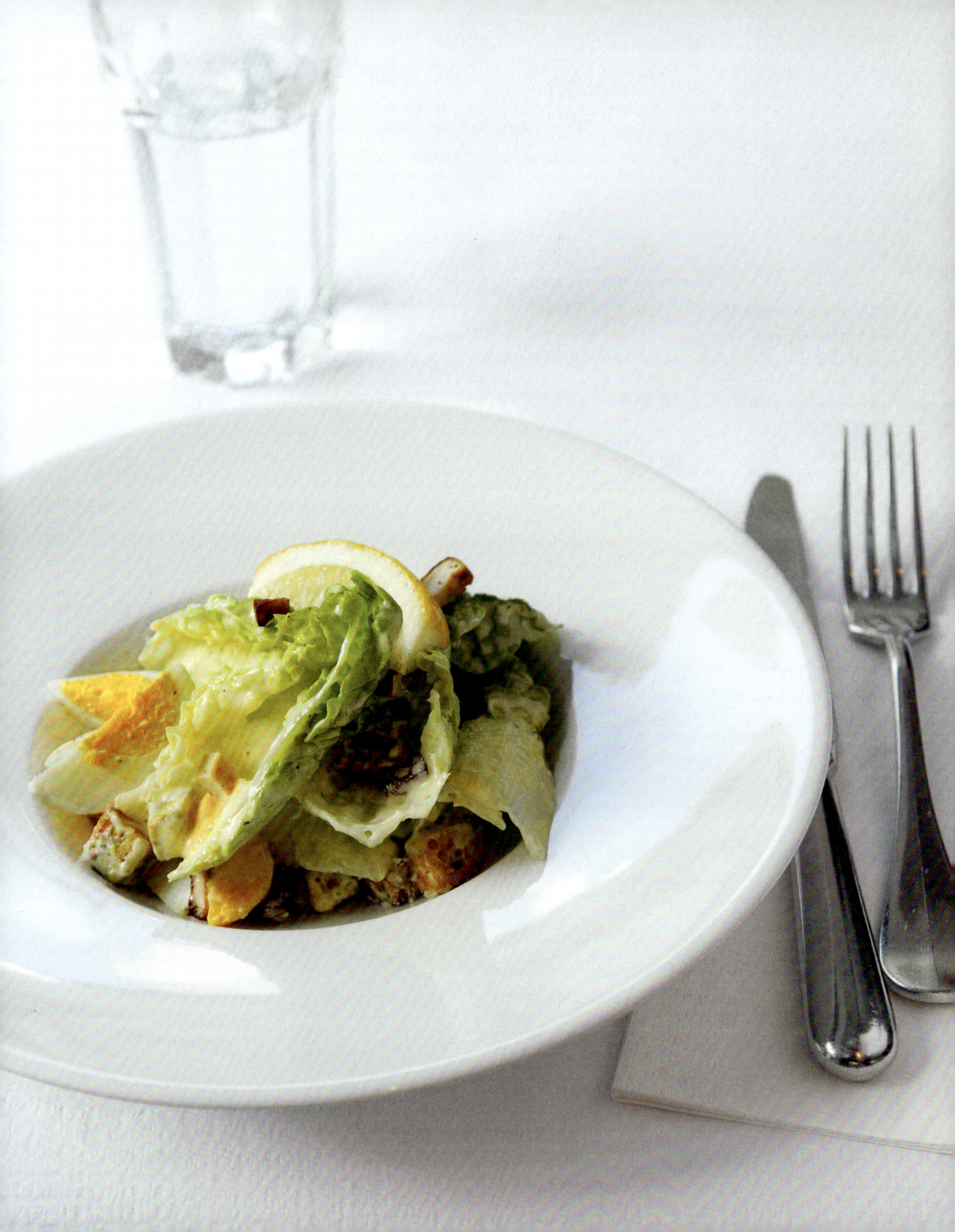

Italienischer Tofusalat

Bella Italia lässt grüssen

4 Portionen

600 g Tofu

Marinade
0,9 dl weisser Aceto Balsamico
1 dl Olivenöl
3 TL Salz
¾ TL schwarzer Pfeffer aus der Mühle
4 Zweige Oregano, gehackt
4 Zweige Thymian, gehackt
4 Zweige Majoran, gehackt
4 Blätter Salbei, gehackt

4 San-Marzano-Tomaten
90 g schwarze Oliven, ohne Stein

Den Tofu schräg in 2 cm grosse Rhomben schneiden.

Den Aceto Balsamico mit Olivenöl, Salz, Pfeffer und den gehackten Kräutern verrühren. Den Tofu über Nacht mit der Sauce vermischt marinieren.

Die Tomaten längs in Viertel schneiden, diese schräg in 2 cm grosse Stücke schneiden. Die Tomaten und die Oliven mit dem marinierten Tofu mischen und anrichten.

TIPP Der Salat sieht optisch auch sehr schön mit Dattel- oder Cherry-Tomaten aus.

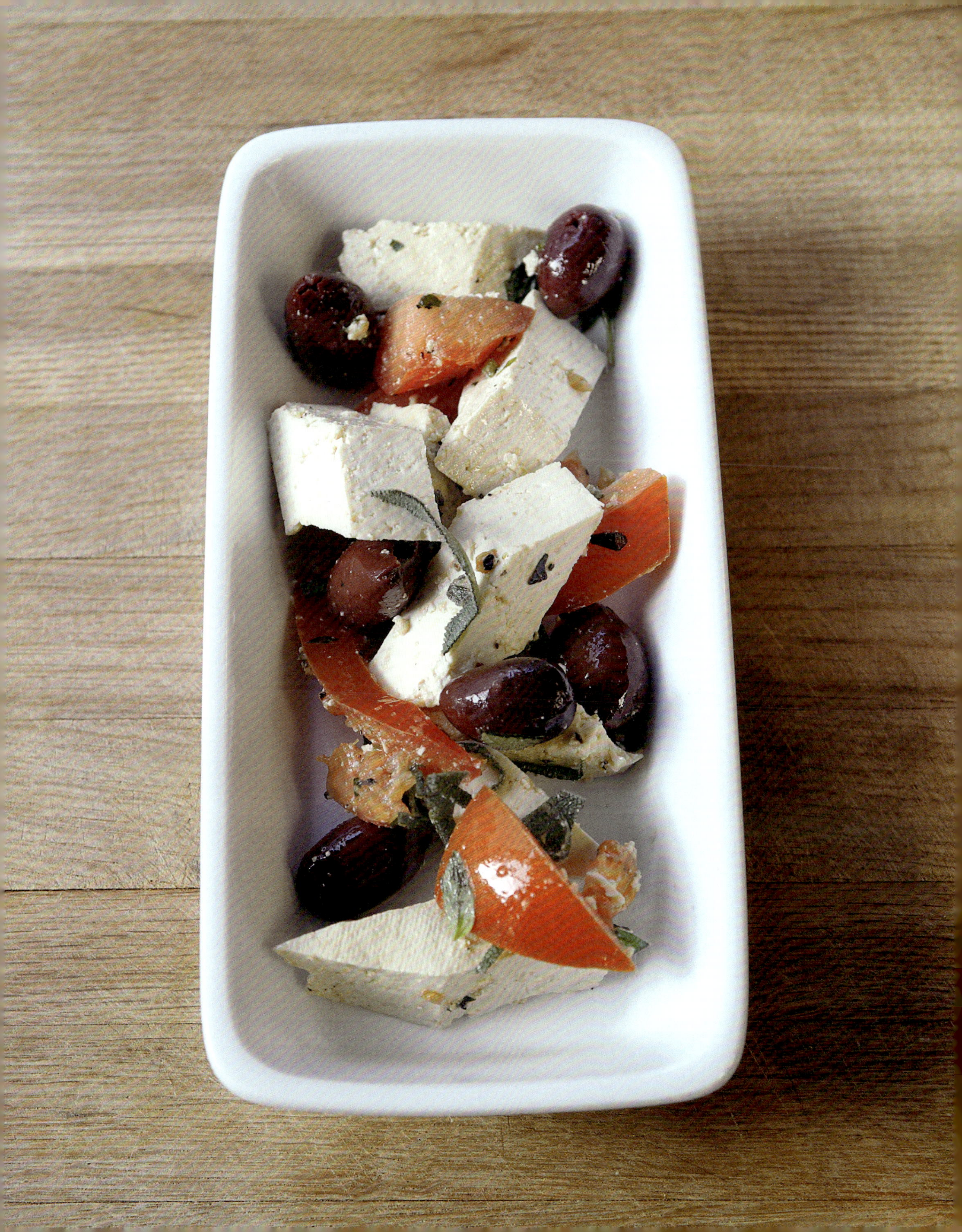

SALATE

Chicorée-Marroni-Salat
der Klassiker im Winter

4 Portionen

180 g Blattsalat, gemischt
400 g Chicorée
2 rote Äpfel
2 EL Zitronensaft, frisch gepresst
300 g Marroni, geschält, tief gekühlt
100 g Rohzucker
1 dl Wasser

Sauce
1 dl weisser Aceto Balsamico
1 EL Dijon-Senf
6 EL Haselnussöl
1 dl Rapsöl, kaltgepresst
½ TL Salz
Schwarzer Pfeffer aus der Mühle

3 Feigen
60 g Haselnüsse
wenig Kresse

Salat waschen, gut abtropfen lassen. Den Chicorée waschen, einige Blätter ablösen, für die Garnitur beiseitestellen. Den Rest längs halbieren, Strunk herausschneiden und den Chicorée quer in feine Streifen schneiden, mit dem Blattsalat vermischen.

Die Äpfel vierteln, Kerngehäuse entfernen. Die Äpfel in feine Scheiben schneiden, mit wenig Zitronensaft vermischen und zum Blattsalat geben.

Die geschälten Marroni blanchieren, abgiessen.

Zucker mit Wasser aufkochen und sirupartig einkochen lassen. Die blanchierten Marroni dazugeben und bei mittlerer Hitze weich kochen. Die Marroni absieben, dabei die Kochflüssigkeit aufheben.

Aceto Balsamico, Senf und Karamell-Kochflüssigkeit in einer Schüssel verrühren. Beide Öle unter ständigem Rühren beigeben, abschmecken.

Blattsalat, Chicorée, Äpfel und Marroni mit der Sauce vermischen. Die ganzen Chicorée-Blätter auf vier Tellern strahlenförmig auslegen, den gemischten Salat darauf anrichten.

Den Stielansatz der Feigen wegschneiden, Feigen in Achtel schneiden und mit den ganzen Haselnüssen und der Kresse auf den Salaten verteilen. Sofort servieren.

TIPP Tiefgekühlte, geschälte Marroni verwenden. Marroni selber schälen ist sehr aufwendig.

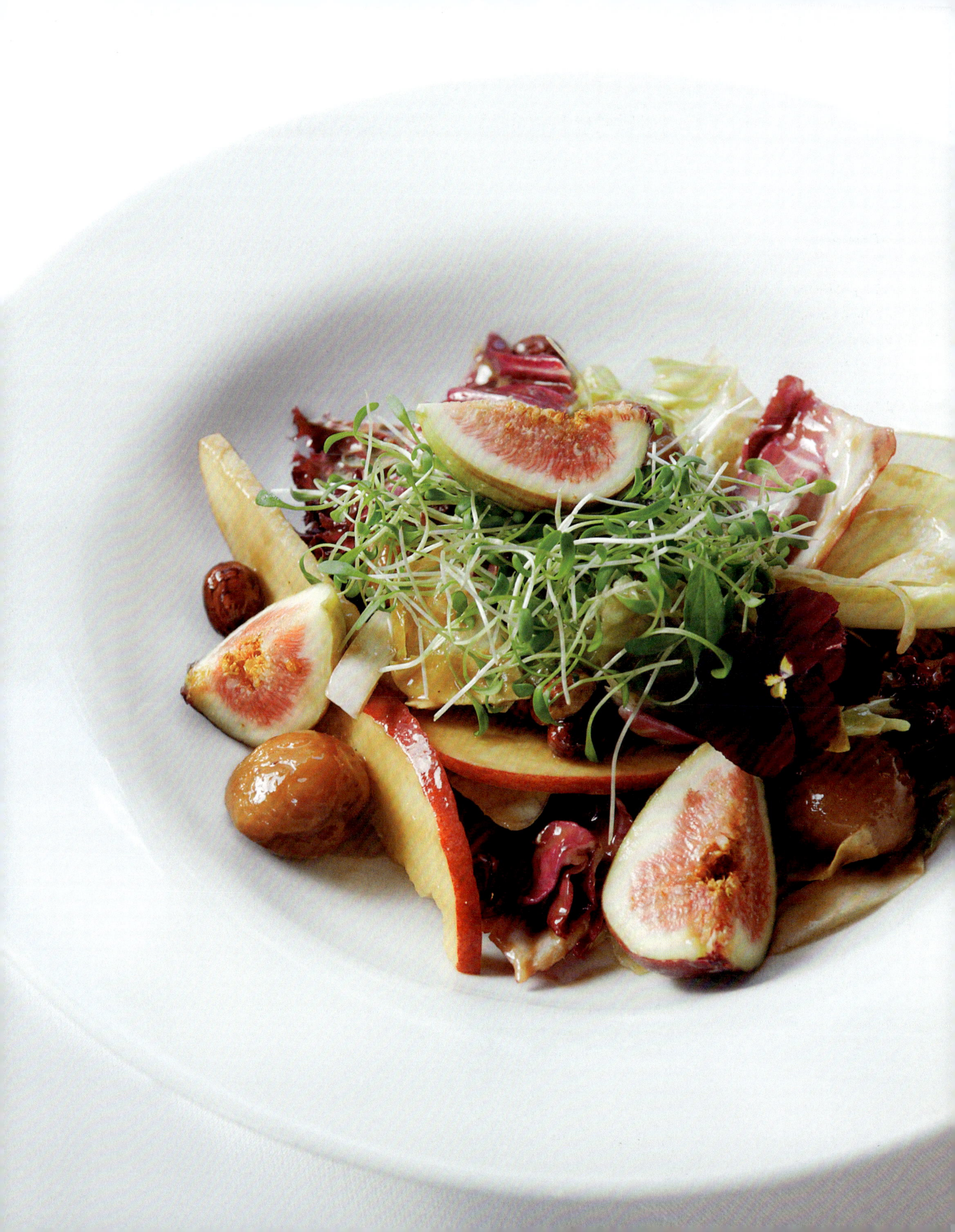

SALATE

Stangensellerie-Karambole-Salat
mit Granatapfel und Five Spice

4 Portionen

Sauce
5 EL Apfelessig
50 g Crème fraîche
1 TL Dijon-Senf
1½ TL Five Spice
4 EL Sesamöl
8 EL Rapsöl, kaltgepresst
Salz, schwarzer Pfeffer aus der Mühle

3 Karambolen (Sternfrüchte)
8 Stangensellerie
4 EL Cashewkerne, geröstet
1 reifer Granatapfel

Essig, Crème fraîche, Dijon-Senf und Five Spice für die Sauce in einer Schüssel gut verrühren, beide Öle unter ständigem Rühren zugeben, mit Salz und Pfeffer abschmecken.

Die Karambolen waschen, in 2 mm dicke Scheiben schneiden. Stangensellerie waschen, schräg in Scheiben schneiden, das Grün für die Garnitur beiseitelegen. Die Cashewkerne ganz grob hacken.

Cashewkerne, Stangensellerie und Karambolen mit der Sauce mischen und 10 Minuten ziehen lassen.

Granatapfel mit einem schweren Kellengriff ausklopfen, bis sich die Kerne lösen. Danach vorsichtig aufschneiden und die Kerne herauslösen.

Den Salat anrichten, mit dem Sellerie-Grün garnieren, Granatapfelkerne kurz vor dem Servieren darüberstreuen.

TIPP Anstelle von Crème fraîche kann auch Sojajoghurt verwendet werden. So wird das Gericht vegan. Das chinesische Fünf-Gewürze-Pulver besteht aus Szechuanpfeffer, Fenchelsamen, Sternanis, Gewürznelken und Zimt.

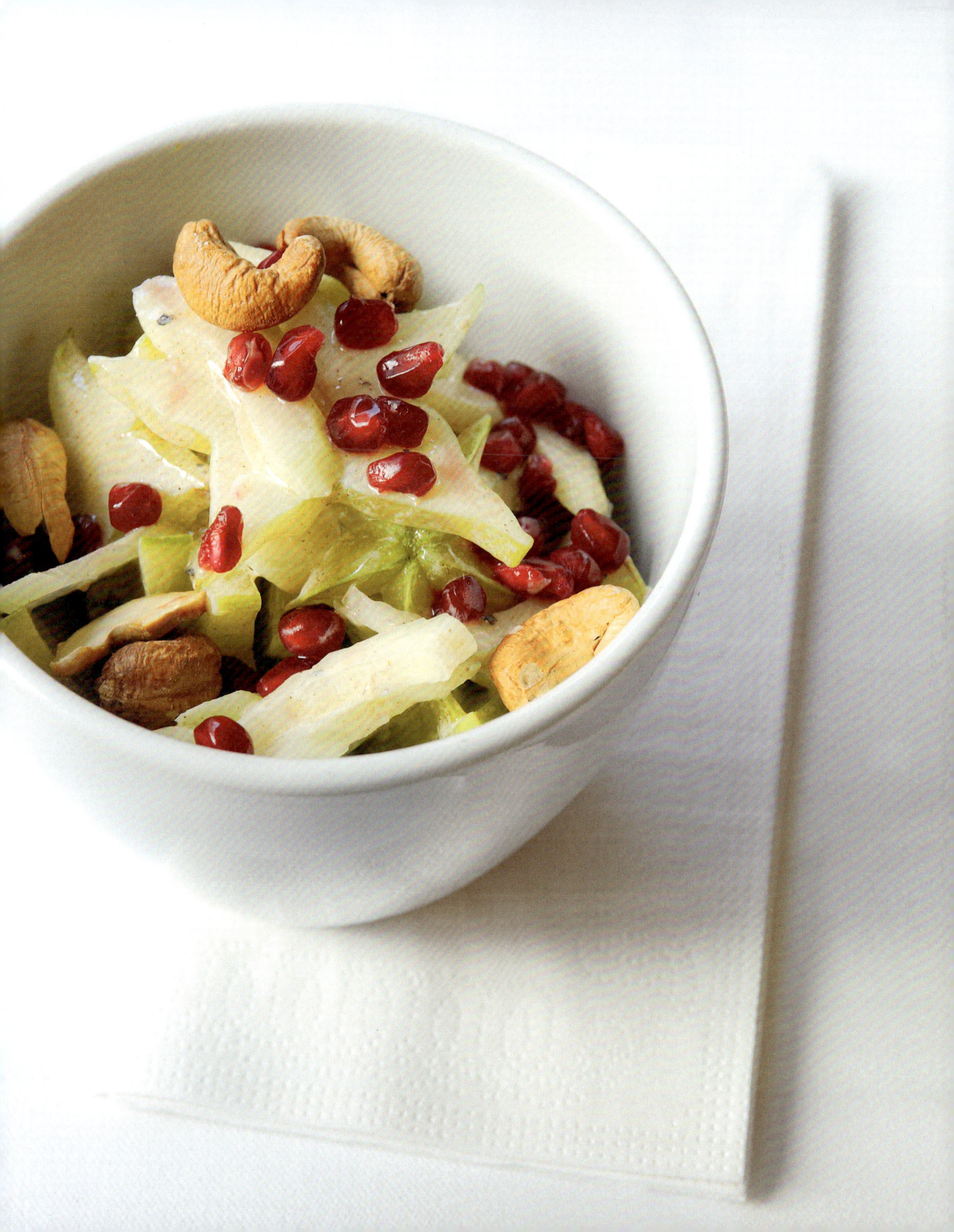

SALATE

Cambozola-Salat
mit Cranberries

4 Portionen

Sauce
1 EL Honig
1 TL Salz
Schwarzer Pfeffer aus der Mühle
1 dl Apfelessig
2 dl Traubenkernöl

300 g Blattsalat, gemischt
2 Birnen, längs halbiert
2 EL Zitronensaft, frisch gepresst
200 g blaue Trauben
250 g Cambozola-Käse
80 g Toastbrot
15 g Butter
100 g Baumnüsse, grob gehackt
4 Zweige italienische Kräuter, gehackt
1 Frühlingszwiebel
200 g getrocknete Cranberries

Für die Sauce den Honig, Salz und den Pfeffer in einer Schüssel mit dem Apfelessig verrühren, das Traubenkernöl unter Rühren beigeben.

Den Blattsalat waschen, abtropfen lassen, in mundgerechte Stücke teilen.

Die halbierten Birnen entkernen, klein würfeln und mit wenig frisch gepresstem Zitronensaft vermischen. Die Trauben halbieren und allenfalls entkernen, den Cambozola in 1 cm grosse Würfel schneiden.

Das Toastbrot in 1 cm grosse Würfel schneiden und in der Butter knusprige, goldbraune Croûtons braten. Auf Haushaltpapier entfetten.

Den Blattsalat mit den Birnenwürfeln, gehackten Nüssen, Cambozola-Würfeln, Croûtons und den gehackten Kräutern mischen.

Kurz vor dem Anrichten die Sauce dazugeben, nochmals mischen, auf vier Tellern anrichten.

Die Frühlingszwiebel schräg in Ringe schneiden und mit den Cranberries und den Trauben über die Salate verteilen. Sofort servieren.

TIPP Eine fertige Blattsalatmischung mit Cicorino rosso, Endivie und Frisée harmoniert sehr gut mit dem Dressing. Das Dressing schmeckt auch sehr fein, wenn Birnel (Birnendicksaft) statt Honig verwendet wird.

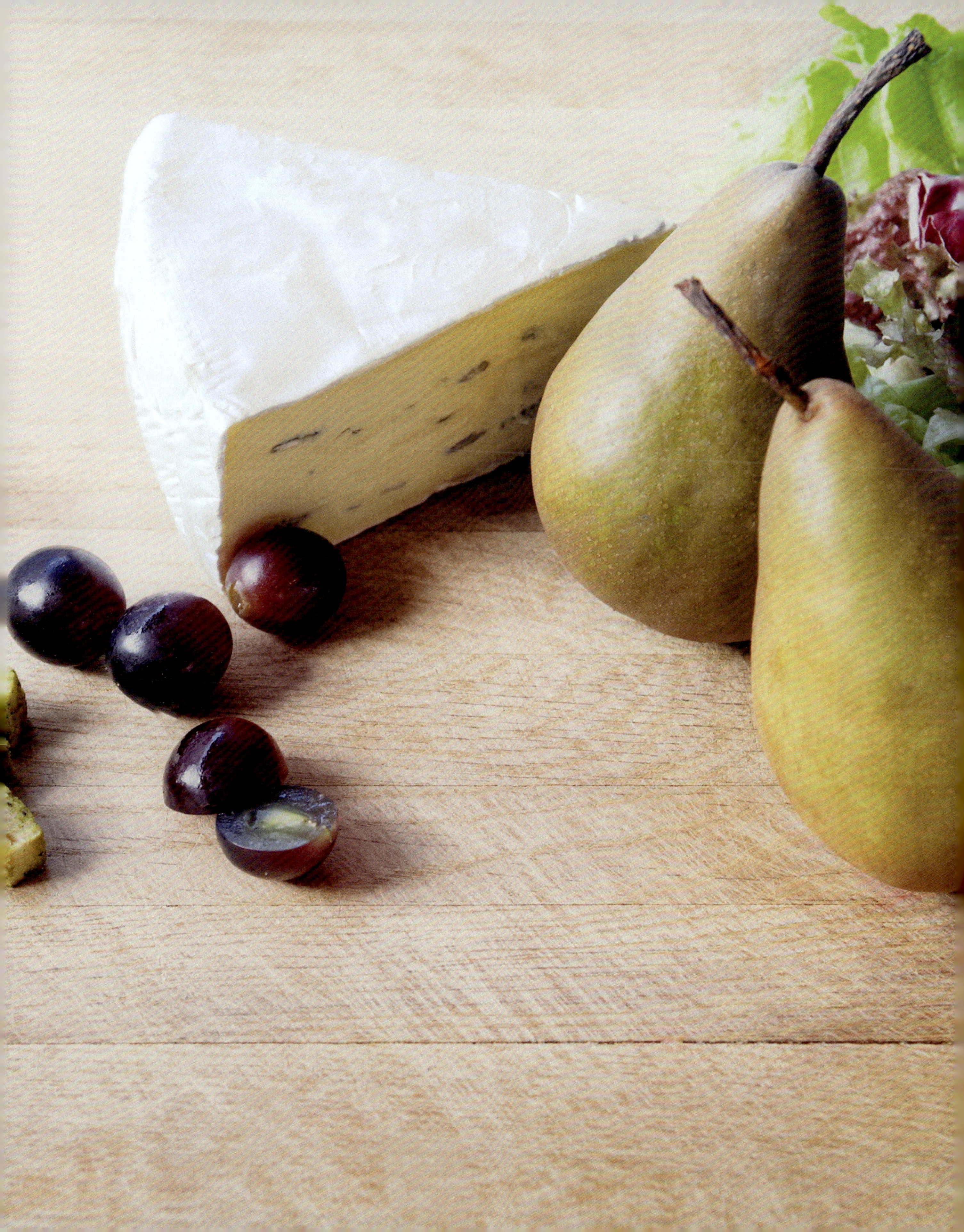

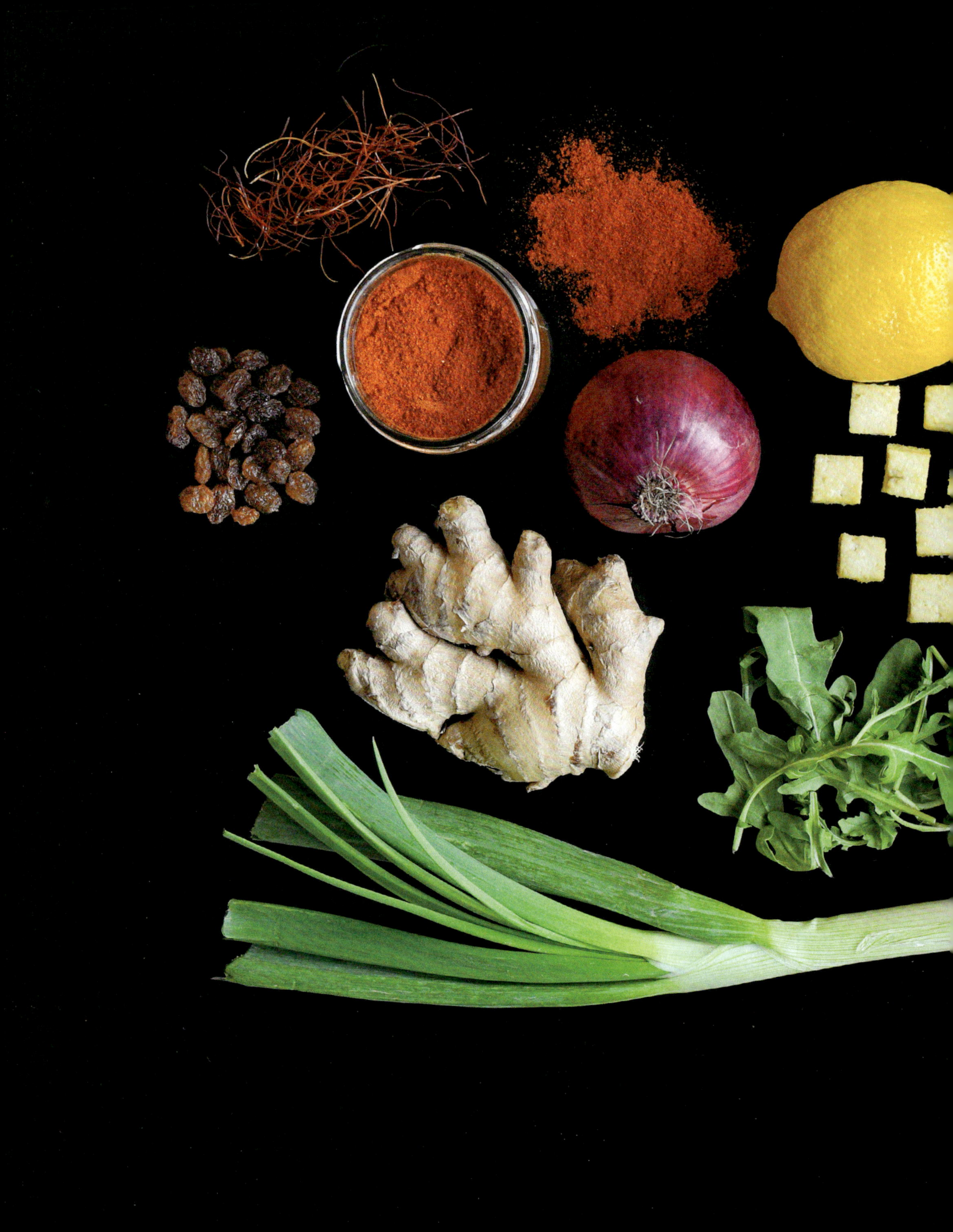

Vorspeisen Snacks

VORSPEISEN & SNACKS

Favabohnen-Mus
die Ackerbohne neu entdecken

4 Portionen

1 Zwiebel
2 TL Kurkuma, gemahlen
1 TL Cayennepfeffer
1 TL Koriander, gemahlen
2 EL Zitronensaft,
 frisch gepresst
1 – 2 EL Olivenöl
1,25 dl Wasser
350 g Favabohnen,
 gekocht
Salz
4 TL Chilifäden

Zwiebel schälen, fein hacken und mit den restlichen Zutaten in einer grossen Schüssel mit dem Stabmixer pürieren.

Das Bohnen-Mus mit Salz abschmecken.

In einer Schüssel anrichten und mit den Chilifäden garnieren.

TIPP Schmeckt als Aufstrich, Dip und Füllung.

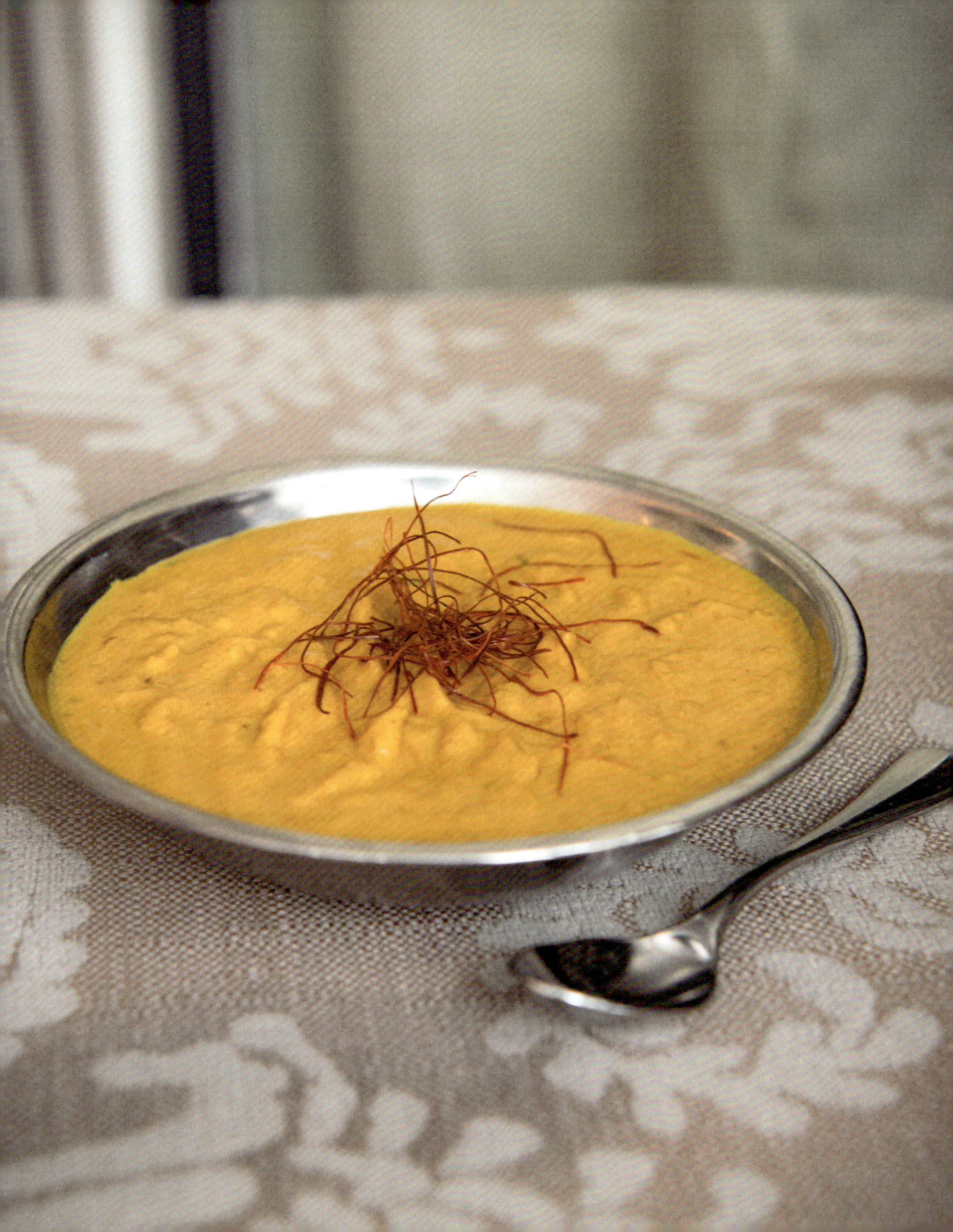

VORSPEISEN & SNACKS

Green Banana Fritters
aus der Hiltl Akademie

4 Portionen

2 Kochbananen
1 Knoblauchzehe
1 Schalotte
1 walnussgrosses Stück frische Ingwerwurzel
5 Zweige Koriander
Salz
1 TL Rohzucker
2 EL Zitronensaft, frisch gepresst
½ EL grüne Thai-Currypaste (siehe S. 128)
Öl zum Frittieren

4 Holzspiesse, 10 cm lang

Backofen auf 180 °C vorheizen.

Die Kochbananen auf einem mit Backpapier belegten Blech ca. 45 Minuten garen. Kurz abkühlen lassen.

Knoblauchzehe, Schalotte und Ingwer schälen und mit dem Koriander grob hacken. Bananen schälen und das Fruchtfleisch mit dem gehackten Gemüse und den restlichen Zutaten in einer Schüssel mischen.

Die Masse mit dem Stabmixer mixen, daraus kleine Bällchen formen und in heissem Öl goldbraun frittieren.

Je zwei Bällchen auf einen Spiess stecken und lauwarm servieren.

TIPP Zu den Green Banana Fritters passt Ingwer-Raita (Rezept «Hiltl. Vegetarisch nach Lust und Laune»).

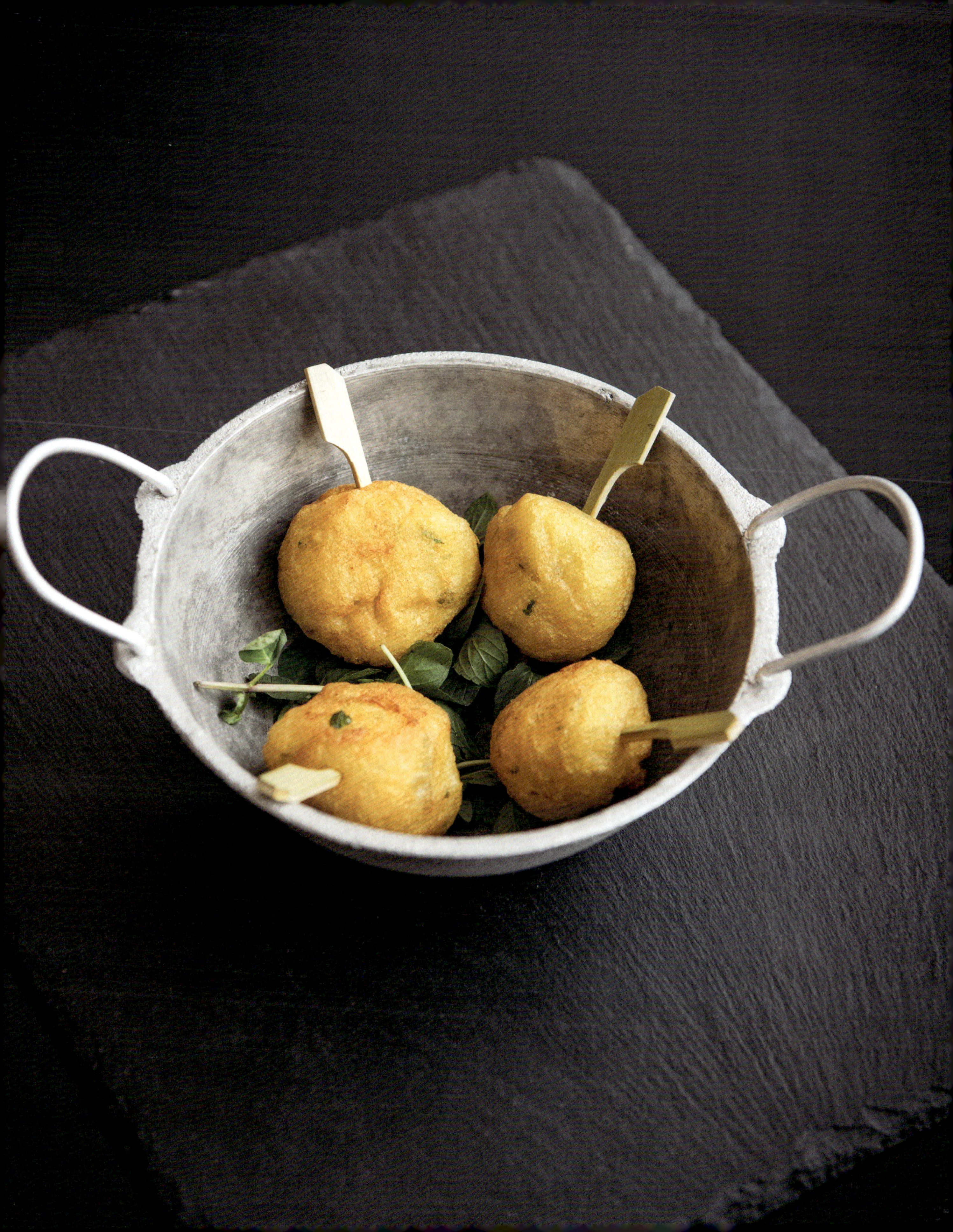

VORSPEISEN & SNACKS

Pilz-Feuilleté
Lieblingsgericht der Pilz-Fans

4 Portionen

125 g Blätterteig
1 Eigelb
220 g Pilze, gemischt (Champignons, Shiitake-Pilze, Austernseitlinge)
1 Frühlingszwiebel
2 EL Sonnenblumenöl HO (High Oleic)
8 cl Cognac
70 g Cherry-Tomaten, halbiert
Salz, schwarzer Pfeffer aus der Mühle
wenig Kresse oder Rucola

Den Backofen auf 220 °C vorheizen.

Den Blätterteig 3 mm dick auswallen, vier spitzwinklige Dreiecke mit 16 cm Seitenlänge herausschneiden. 15 Minuten kühl stellen. Auf ein Blech mit Backpapier legen, mit Eigelb bestreichen. Mit einer Gabel diagonal ein Streifenmuster ins Eigelb zeichnen.

Die Feuilletés in der Mitte des Ofens goldbraun backen, auskühlen lassen und quer aufschneiden.

Die Pilze putzen, in Scheiben bzw. Streifen schneiden. Die Frühlingszwiebel längs halbieren und schräg in feine Streifen schneiden.

Das Öl in einer Bratpfanne erhitzen, die Pilze heiss anbraten. Den Cognac dazugeben und flambieren. Zum Anzünden ein langes Cheminée-Zündholz verwenden und auf die Stichflamme achten, damit man sich nicht verbrennt. Die Pfanne vom Herd ziehen, Cherry-Tomaten und Frühlingszwiebeln dazugeben, zurück auf die Herdplatte stellen, kurz mit anziehen. Mit Salz und Pfeffer würzen.

Die Feuilleté-Böden auf vier Tellern auslegen, Pilze darauf verteilen, Deckel schräg auflegen. Mit Kresse oder Rucola garnieren.

TIPP Die Pilze können je nach Saison durch Eierschwämmli (Pfifferlinge) oder Steinpilze ersetzt werden.

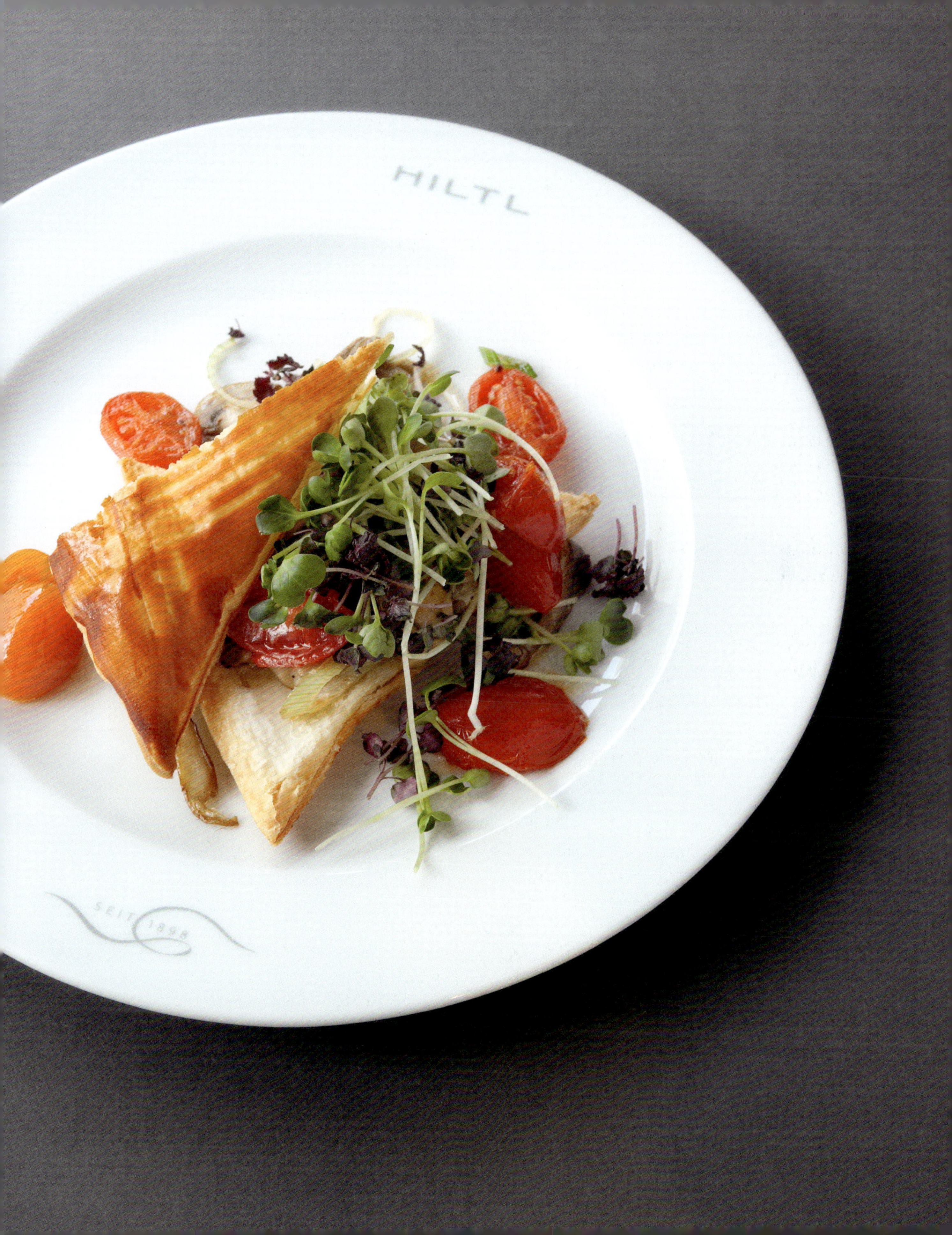
HILTL
SEIT 1898

VORSPEISEN & SNACKS

Gefüllte Jalapeños
der Renner vom Hiltl Buffet

4 Portionen

16 Jalapeños
180 g Doppelrahmfrischkäse
½ Limette, frisch gepresster Saft
½ TL Salz
Schwarzer Pfeffer aus der Mühle
1 Tropfen Tabasco

Panade
300 g Halbweissmehl
300 g Paniermehl
4 Eier
1 TL Salz
Öl zum Frittieren

Die Jalapeños waschen, längs wie eine Tasche einschneiden und vorsichtig entkernen. Die Jalapeños dürfen nicht auseinanderfallen. Den Frischkäse in einer Schüssel mit dem Limettensaft, Salz, Pfeffer und Tabasco mischen. Die Frischkäsemischung mit einem Teelöffel in die Jalapeños füllen.

Mehl und Paniermehl separat in je einen Suppenteller geben. Die Eier in einem weiteren Suppenteller aufschlagen, würzen und mit einer Gabel verklopfen.

Die gefüllten Jalapeños zuerst durch das Mehl, dann das Ei, dann das Paniermehl ziehen. Jedes Mal darauf achten, dass die Jalapeños vollständig von der jeweiligen Zutat überzogen sind. Die Jalapeños ein weiteres Mal durch das Ei und durch das Paniermehl ziehen. Die grossen Ei-Paniermehl-Krümel immer wieder aus dem Paniermehl entfernen.

Das Öl in einer hohen Gusseisenpfanne auf 180 °C erhitzen, die Jalapeños rundum goldbraun frittieren, auf Haushaltpapier entfetten und sofort servieren.

TIPP Zum Entkernen mit Handschuhen arbeiten. Statt der scharfen Jalapeños die süsslichen Pimentos verwenden. Die Jalapeños nicht zu lange frittieren, da sie sonst aufplatzen und der Frischkäse ausläuft. Die Jalapeños mit Guacamole (Rezept «Hiltl. Vegetarisch nach Lust und Laune») servieren.

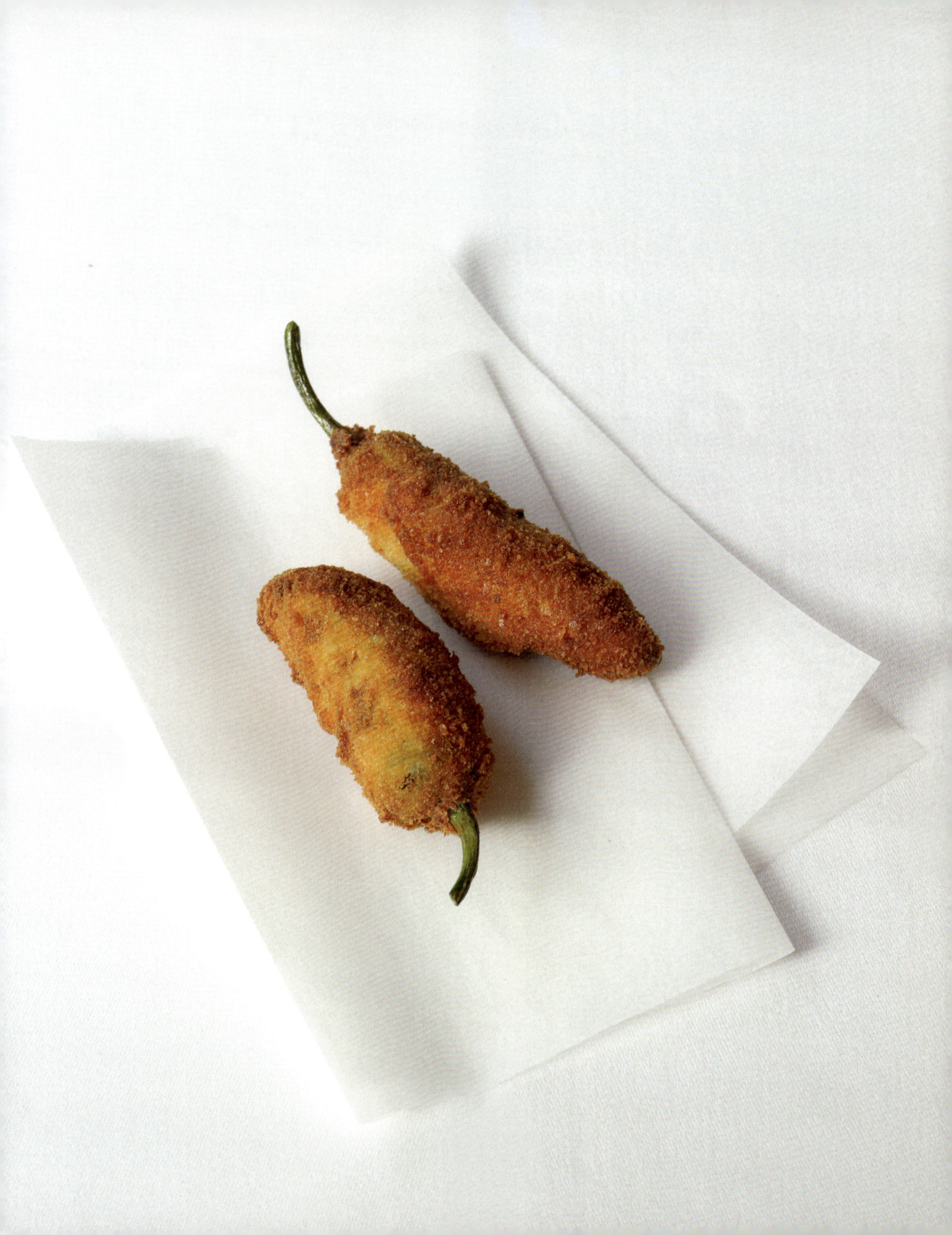

VORSPEISEN & SNACKS

Crispy Tofu
Klassiker seit 1990

4 Portionen

360 g Tofu

Marinade
80 g Ketchup
25 g Dijon-Senf
20 g Sojasauce Tamari
1 Prise Cayennepfeffer
½ TL Hiltl-Curry
2 TL Salz
10 g Rohzucker

Panade
4 EL Sojamilch
1 TL Maizena
250 g Mehl
200 g Cornflakes, gebrochen

Öl zum Frittieren

Für die Marinade alle Zutaten gut verrühren. Den Tofu in grossflächige Scheiben von 0,5 – 1 cm Dicke schneiden, mit Marinade einpinseln und über Nacht marinieren.

Sojamilch und Maizena mit dem Schwingbesen in einer Schüssel verrühren. Die Cornflakes in der Faust leicht brechen, in einen Suppenteller geben.

Das Mehl in einen weiteren Suppenteller geben. Die marinierten Tofustücke rundum mehlieren, in der Sojamilch-Maizena-Mischung wenden und auf allen Seiten mit Cornflakes panieren. Jedes Mal darauf achten, dass die Tofustücke vollständig von der jeweiligen Zutat überzogen sind.

Crispy Tofu kurz vor dem Frittieren panieren. Die Cornflakes müssen trocken bleiben, so halten sie besser am Tofu.

Das Öl in einer hohen Gusseisenpfanne auf 160 °C erhitzen, die Tofustücke rundum goldbraun frittieren, auf Haushaltpapier entfetten.

TIPP Wir servieren Crispy Tofu mit einem Salatbouquet im Gurkenring. Mit viel Salat ist er eine sommerliche Hauptmahlzeit. Crispy Tofu ist auch bei Kindern sehr beliebt.

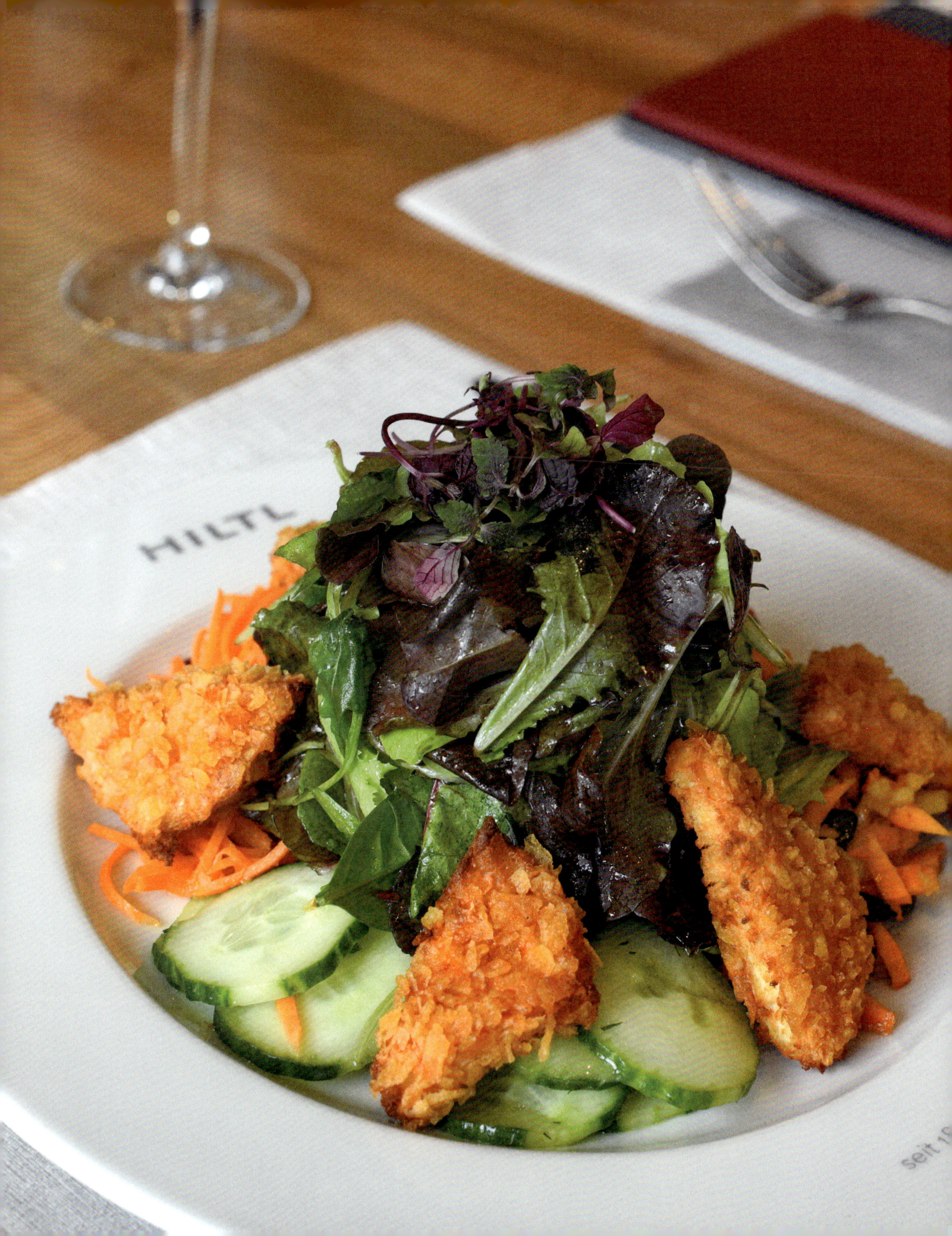
HILTL
seit

VORSPEISEN & SNACKS

Auberginen-Kaviar
nicht ganz so teuer wie das Original

4 Portionen

1 kg Auberginen
½ Bund Koriander, gehackt
3 Zweige Petersilie, gehackt
1 Knoblauchzehe, gepresst
1 TL Kreuzkümmel, gemahlen
1 TL Paprika, edelsüss
2 Prisen Cayennepfeffer
2 EL Zitronensaft, frisch gepresst
3 EL Olivenöl
Salz, schwarzer Pfeffer aus der Mühle

Den Backofen auf 200 °C vorheizen.

Die ganzen Auberginen auf ein Blech legen, einstechen und im Ofen 1 Stunde backen. Dabei eine ofenfeste Tasse Wasser mit in den Backofen stellen.

Die Auberginen herausnehmen und abkühlen lassen, längs halbieren, das Innere mit einem Suppenlöffel herauskratzen und in eine Schüssel geben.

Kräuter, Knoblauch und Gewürze mit Zitronensaft und Olivenöl zu einer Paste verrühren, zur Auberginenmasse geben, alles gut mischen. Mit Salz und Pfeffer abschmecken.

Der Auberginen-Kaviar ist zugedeckt im Kühlschrank 2 Tage haltbar.

TIPP Den Auberginen-Kaviar mit Fladenbrot essen oder als Crostini-Aufstrich verwenden.

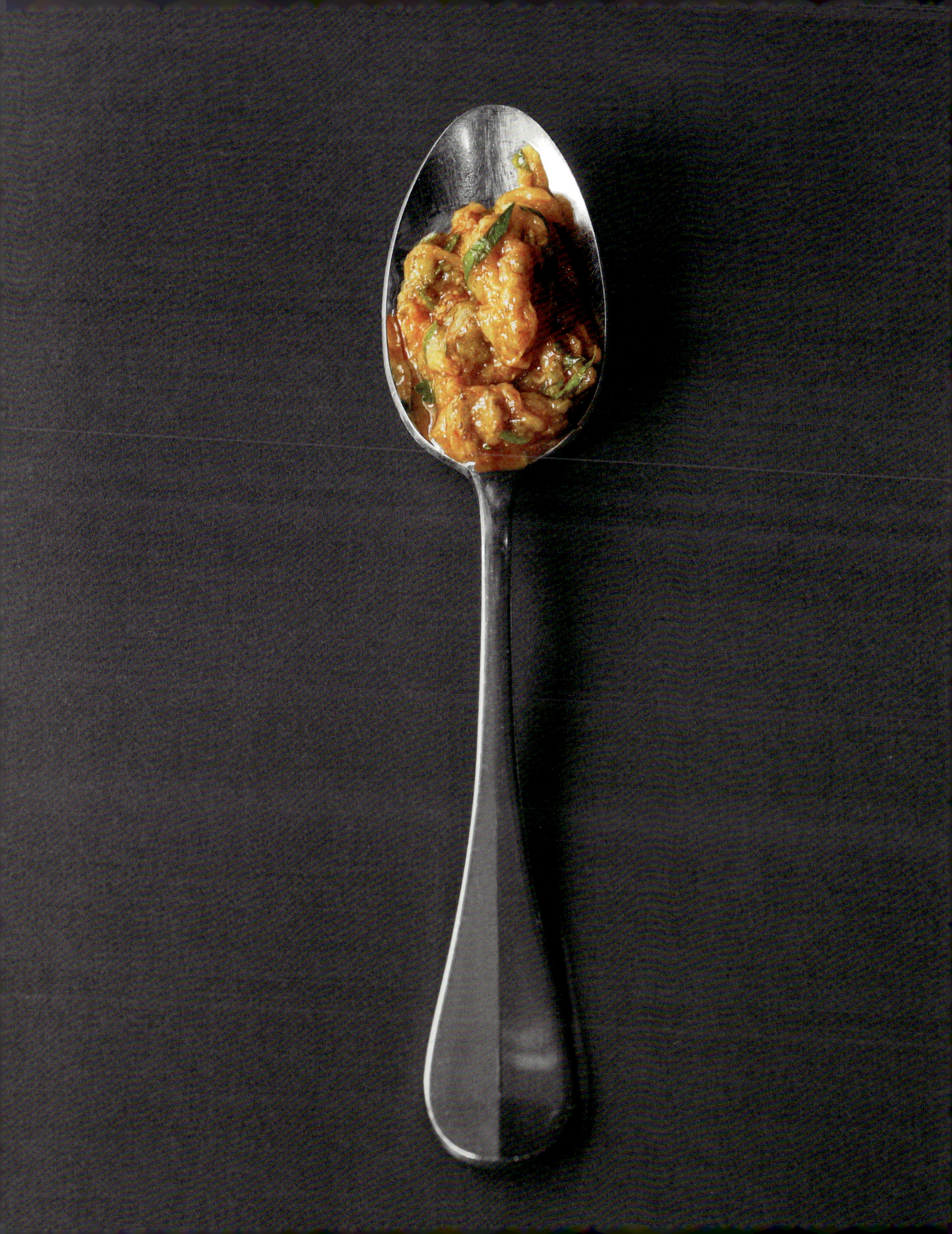

VORSPEISEN & SNACKS

Dattel-Käse-Mousse
super auf knusprigen Crostini

4 Portionen

1 grüne Chili
1 Zwiebel
100 g Datteln, entsteint
2 EL Sultaninen
½ Bund Koriander
1 walnussgrosses Stück frische Ingwerwurzel
2 EL Tomatenpüree
3 EL Zitronensaft, frisch gepresst
1 TL Kreuzkümmel, gemahlen
½ TL Meersalz
250 g Brie
150 g Doppelrahmfrischkäse

Chili entkernen, Zwiebel schälen und beides mit den entsteinten Datteln, Sultaninen und dem Koriander fein hacken. Den Ingwer an der Raffel reiben.

Alles mit Tomatenpüree, Zitronensaft, Kreuzkümmel und Salz vermischen.

Die Rinde vom Brie wegschneiden, den Brie hacken, mit dem Frischkäse unter die Dattelmasse mischen.

TIPP Als Quenelles (Klösse) mit Salat servieren. Auch als Gemüsedip, Aufstrich für Crostini und als Bestandteil von Käsetellern geeignet.

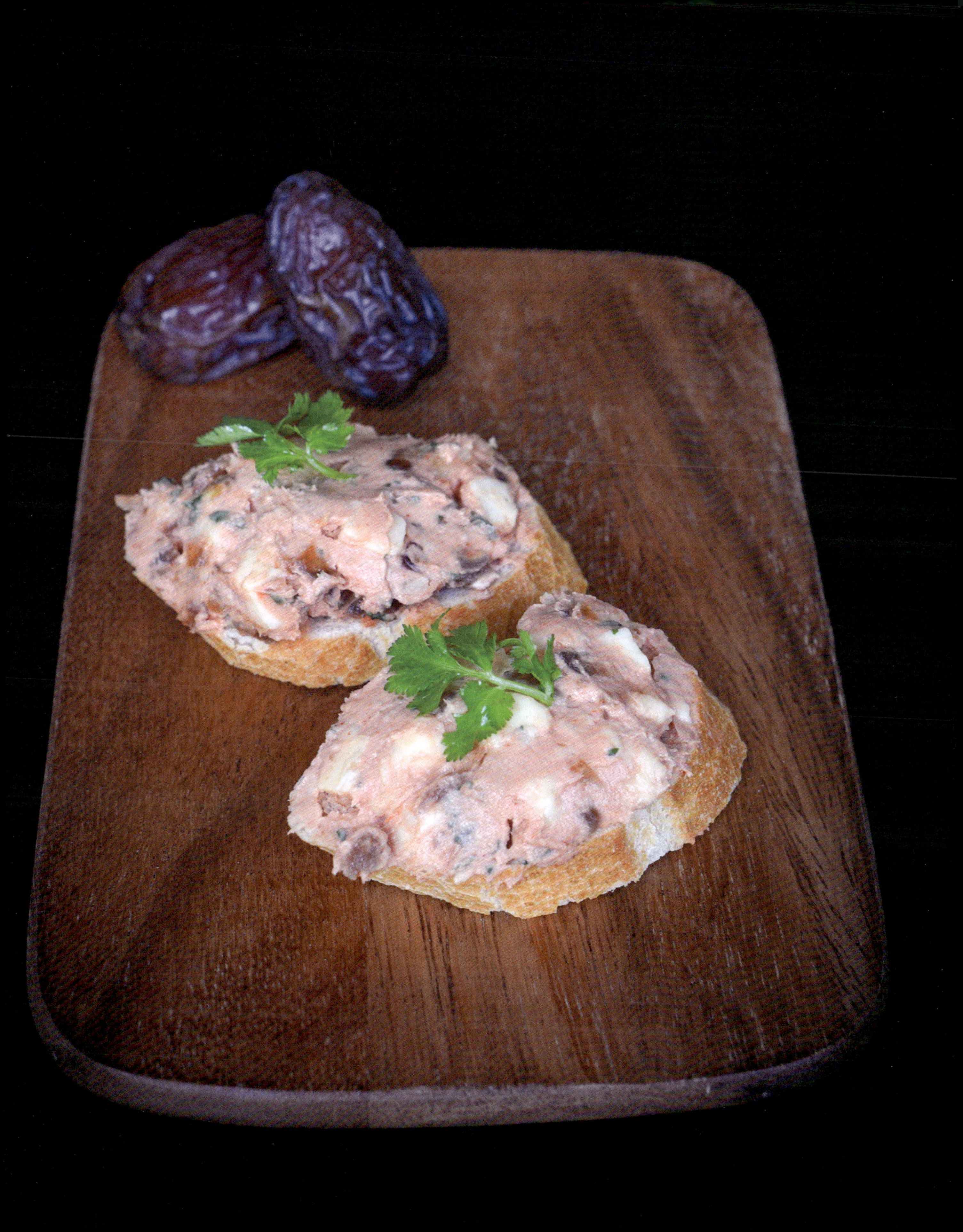

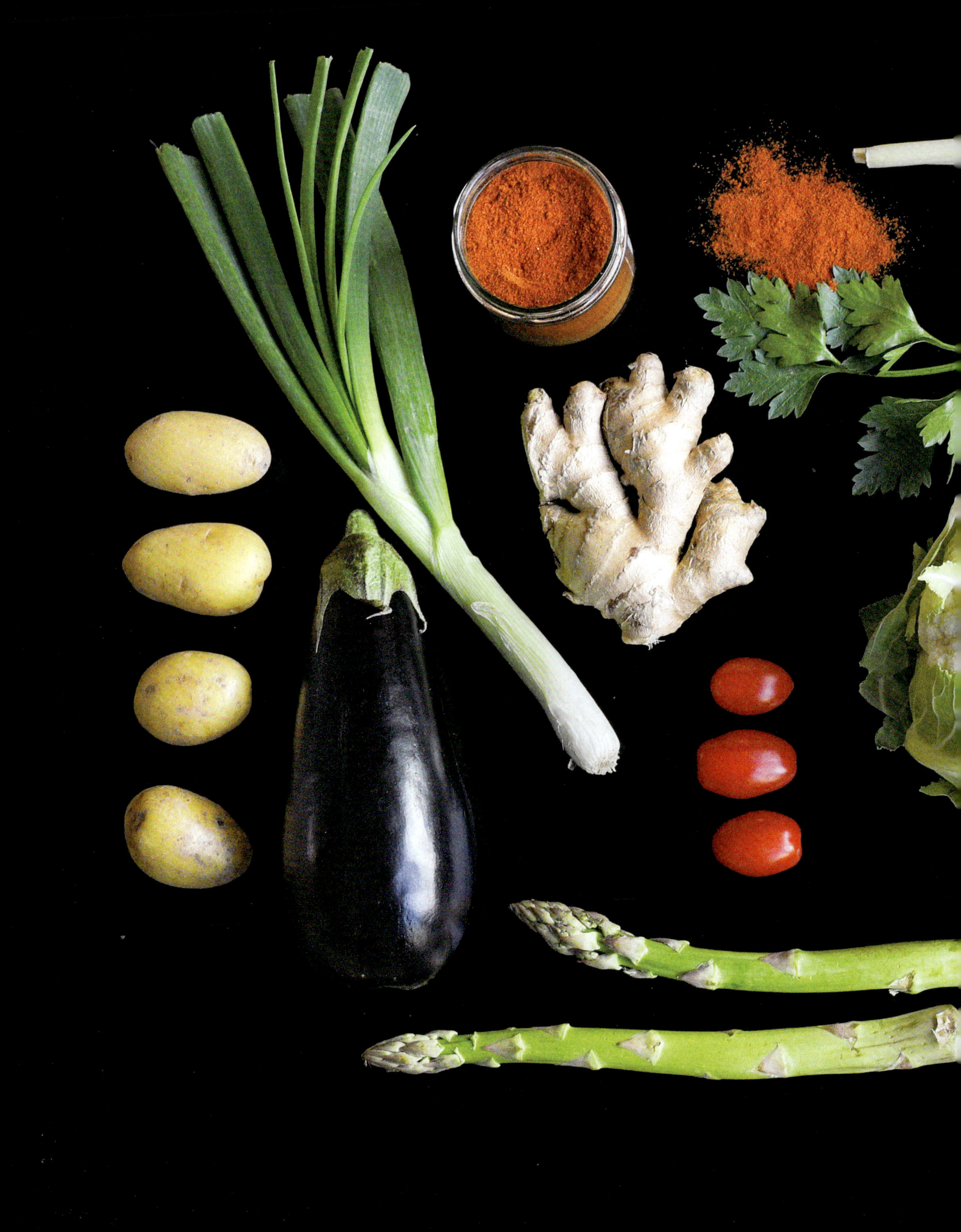

Gemüse
Pilze

GEMÜSE & PILZE

Indisches Jalfrezi
aus der Region Chennai (früher Madras)

4 Portionen

150 g Blumenkohl
1 Karotte
1 Zucchetti
1 grüne Peperoni
2 Zwiebeln
400 g Tomaten
2 EL Sonnenblumenöl HO (High Oleic)
½ TL Fenchelsamen
1 Lorbeerblatt
½ TL Kreuzkümmelsamen
1 Sternanis
1 Knoblauchzehe
1 grüne Chili
1 Prise Kardamom, gemahlen
1 Prise Nelken, gemahlen
1 Prise Ingwer, gemahlen
¼ TL Kurkuma
½ TL Kreuzkümmel, gemahlen
1 TL Garam Masala
½ TL Koriander, gemahlen
1 Prise Cayennepfeffer
1 EL Zitronensaft, frisch gepresst
1 EL Kokosraspel
2 EL Wasser
1 EL Tomatenpüree
3 dl Gemüsebouillon (siehe S. 140)
100 g grüne Erbsen
1½ dl Kokosmilch
Salz, schwarzer Pfeffer aus der Mühle
1 Bund Koriander

Den Blumenkohl in Röschen teilen. Die Karotte schälen und wie die Zucchetti längs halbieren, schräg in 1 cm dicke Scheiben schneiden. Peperoni entkernen und in 1,5 cm grosse Stücke schneiden, Zwiebeln schälen und in Ringe schneiden.

Die Tomaten kreuzweise einschneiden, kurz in siedendes Wasser tauchen, herausnehmen, kalt abschrecken. Dann häuten, halbieren, entkernen und in kleine Stücke schneiden.

Das Öl auf mittlerer Stufe erhitzen. Fenchelsamen, Lorbeerblatt, Kreuzkümmel und Sternanis in Öl anziehen, bis es duftet. Zwiebelringe dazugeben und glasig anziehen. Knoblauch schälen, mit der Chili fein hacken und mit den restlichen Gewürzen sowie Zitronensaft, Kokosraspel und Wasser zu einer Paste verrühren.

Die Paste mit dem Tomatenpüree zu den Zwiebeln geben und weitere 2 Minuten anziehen. Tomatenwürfel hinzugeben, etwas einkochen lassen, mit Bouillon auffüllen und weitere 20 Minuten kochen lassen. Dann die Sauce mit dem Stabmixer pürieren. Die Karottenscheiben dazugeben und al dente kochen. Peperoni, Blumenkohl und Zucchetti beigeben, weich kochen.

Am Schluss die Erbsen und Kokosmilch zugeben, aufkochen und das Gericht vom Herd ziehen. Abschmecken, Koriander fein hacken und das Gericht damit garnieren.

TIPP Mit Basmatireis (Rezept «Hiltl. Vegetarisch nach Lust und Laune») oder Chapati servieren.

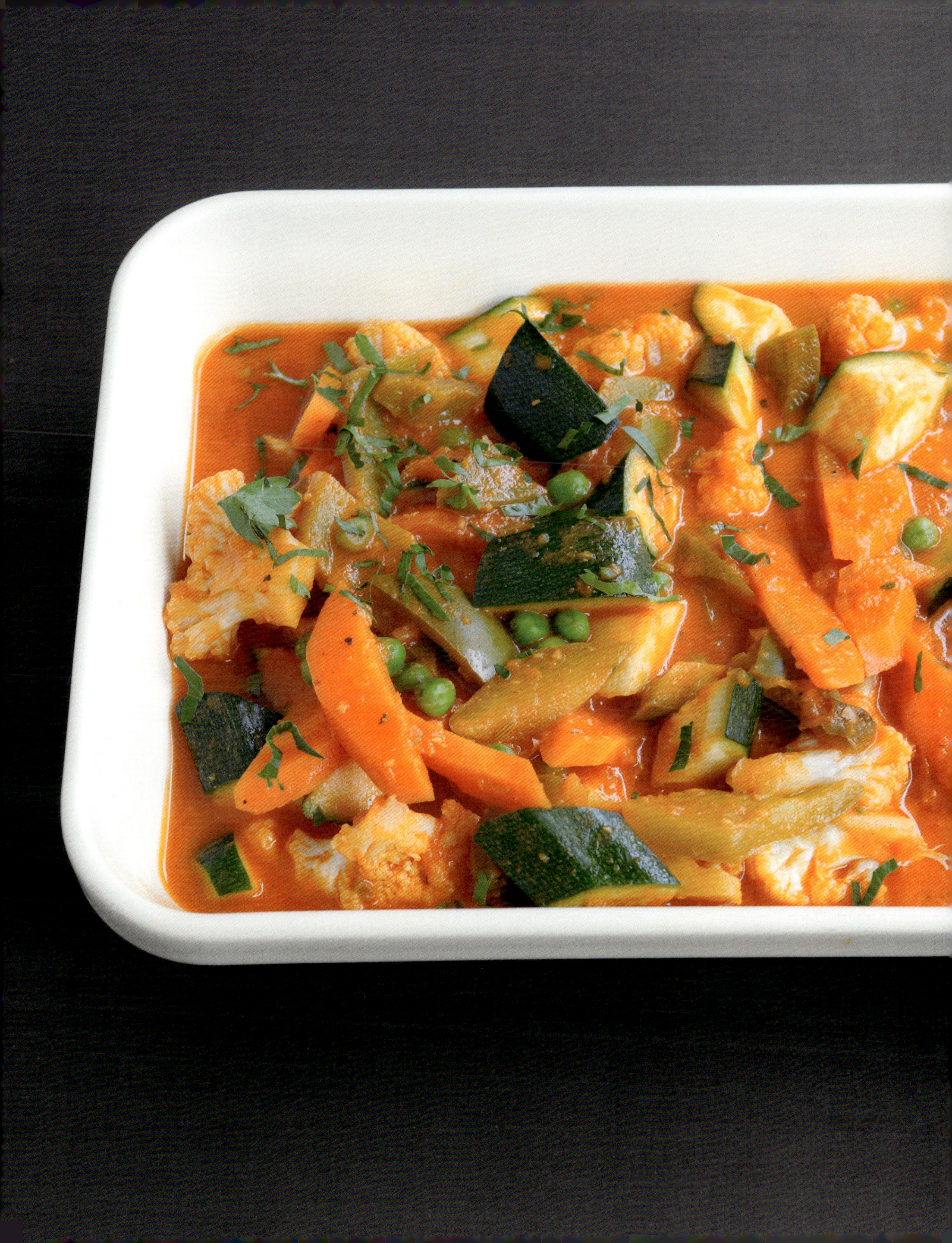

GEMÜSE & PILZE

Eierschwämmli
an Cognac-Sauce

4 Portionen

600 g Eierschwämmli
2 EL Sonnenblumenöl HO (High Oleic)
100 g Zwiebeln, gehackt
1 TL Madras-Curry, mild
1 TL schwarzer Pfeffer aus der Mühle
1 dl Cognac
1 dl Weisswein
4 dl Gemüsebouillon (siehe S. 140)
0,3 dl vegane Saucencreme
1 EL Maizena
4 EL Weisswein
Salz, schwarzer Pfeffer aus der Mühle
4 EL Kräuter, gehackt (Petersilie, wenig Thymian, Kerbel)

Die Eierschwämmli putzen, wenn nötig halbieren oder vierteln. Das Öl erhitzen und die Eierschwämmli heiss anbraten. Die Zwiebeln beigeben und glasig anziehen, Gewürze dazugeben.

Mit dem Cognac und dem Weisswein ablöschen und mit Bouillon und Saucencreme auffüllen, aufkochen lassen. Maizena mit dem Weisswein einrühren und kochen lassen, bis die Sauce die gewünschte Bindung hat.

Abschmecken und mit den gehackten Kräutern garnieren.

TIPP Mit Kaiserknödeln, Rösti oder Tagliatelle servieren.

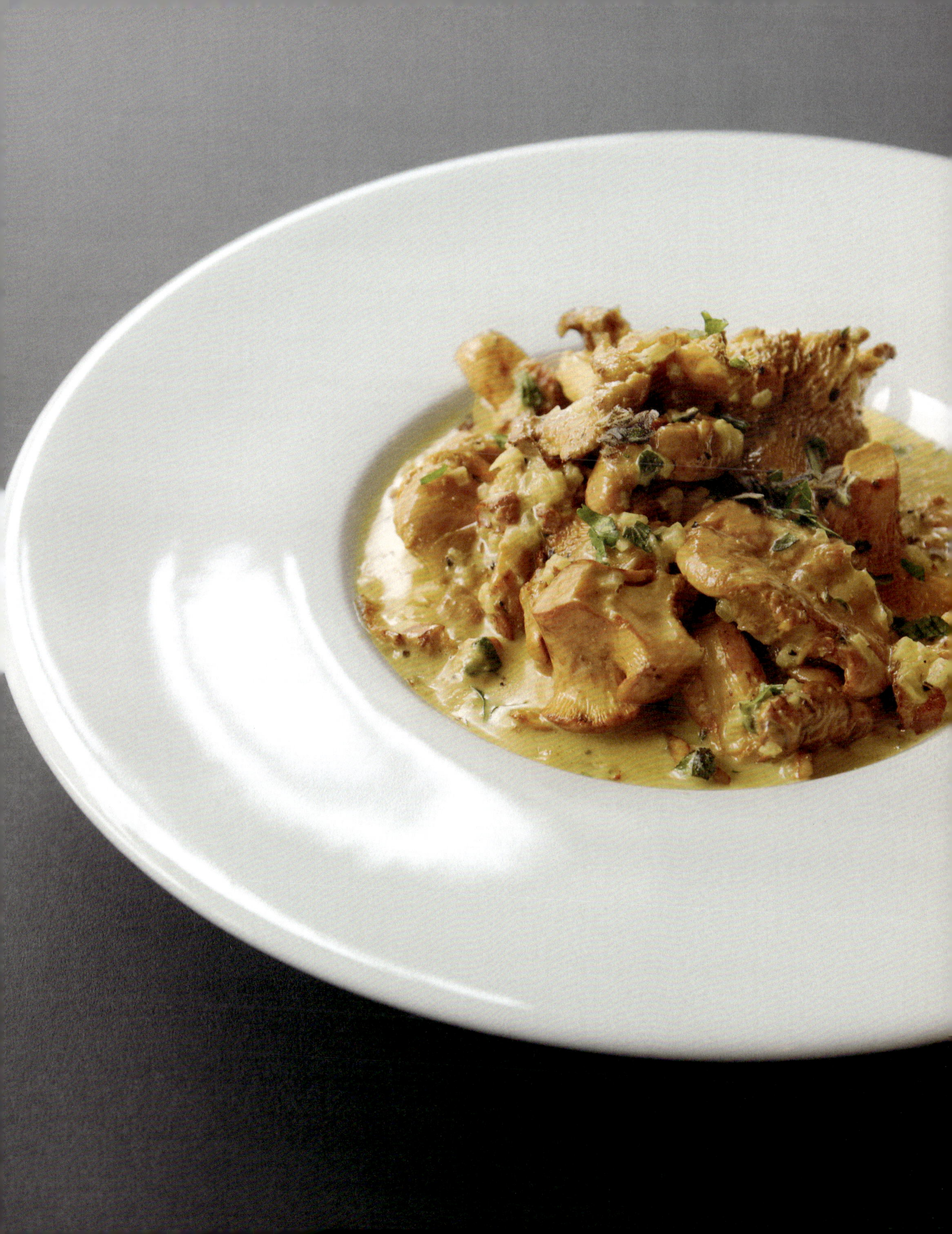

GEMÜSE & PILZE

Feta-Safran-Artischocken
verfeinert mit dem roten Gold

4 Portionen

2 EL Olivenöl
2 Zucchetti
300 g Artischockenböden
1 Zwiebel
20 g Kräuter
(Rosmarin, Thymian, Oregano, Majoran)
25 g Petersilie, gehackt
1 TL Safran, gemahlen
2 TL Safranfäden
Schwarzer Pfeffer aus der Mühle
2 dl Weisswein
4 dl Gemüsebouillon (siehe S. 140)
150 g Feta-Käse

Zucchetti längs halbieren und schräg in ca. 2 cm grosse Scheiben schneiden. 1 EL Olivenöl erhitzen, die Zucchettischeiben goldbraun anbraten, dann beiseitestellen.

Die Artischockenböden in Sechstel schneiden, Zwiebel schälen und mit den Kräutern fein hacken. Zwiebeln im restlichen Öl anziehen. Die gehackten Kräuter und den Safran hinzugeben und umrühren, mit Pfeffer abschmecken.

Mit Weisswein und Bouillon ablöschen und auf die Hälfte einreduzieren lassen.

Dann die Artischocken dazugeben und weich kochen. Feta zerkrümeln, in die Sauce geben und etwas einkochen.

Kurz vor dem Servieren Zucchetti unterrühren und kurz erwärmen.

TIPP Anstatt frische Artischockenböden können auch Artischockenböden aus dem Glas oder aus der Dose verwendet werden. Vor Gebrauch in einem Sieb gut spülen. Auf Spinatnudeln servieren.

HILTL

SEIT 1898

GEMÜSE & PILZE

Vanille-Karotten
exquisit und speziell

4 Portionen

4 Karotten
1 Frühlingszwiebel
2 EL Olivenöl
1 Lorbeerblatt
3 dl Orangensaft, frisch gepresst
4 dl Gemüsebouillon (siehe S. 140)
1½ dl vegane Saucencreme
½ Vanilleschote
80 g Margarine, in Würfeln
1–2 TL Maizena
wenig Cayennepfeffer
Salz
½ Bund Petersilie, gehackt

Die Karotten schälen und schräg in 5 mm dicke Scheiben schneiden. Das Grün der Frühlingszwiebel schräg in feine Ringe schneiden und auf die Seite stellen, die Zwiebel fein hacken.

Das Öl erhitzen, gehackte Frühlingszwiebel, Lorbeerblatt und Karotten dazugeben, anziehen. Orangensaft dazugeben. Die Karotten glasieren, bis der Orangensaft ganz reduziert ist und die Karotten weich sind. Die Karotten herausnehmen und das Lorbeerblatt entfernen. Den reduzierten Saft mit Bouillon und Saucencreme auffüllen.

Vanilleschote auskratzen und das Mark beigeben. Wenige Minuten köcheln lassen. Die kalten Margarinewürfel dazumixen. Maizena mit wenig Wasser anrühren, in die Sauce einrühren und aufkochen.

Die Karotten dazugeben und nochmals zum Kochen bringen. Mit Cayennepfeffer und Salz abschmecken.

Mit den grünen Zwiebelringen und der gehackten Petersilie garnieren.

TIPP Mit Vollreis oder Dill-Reis mit Linsen (siehe S. 104) servieren.

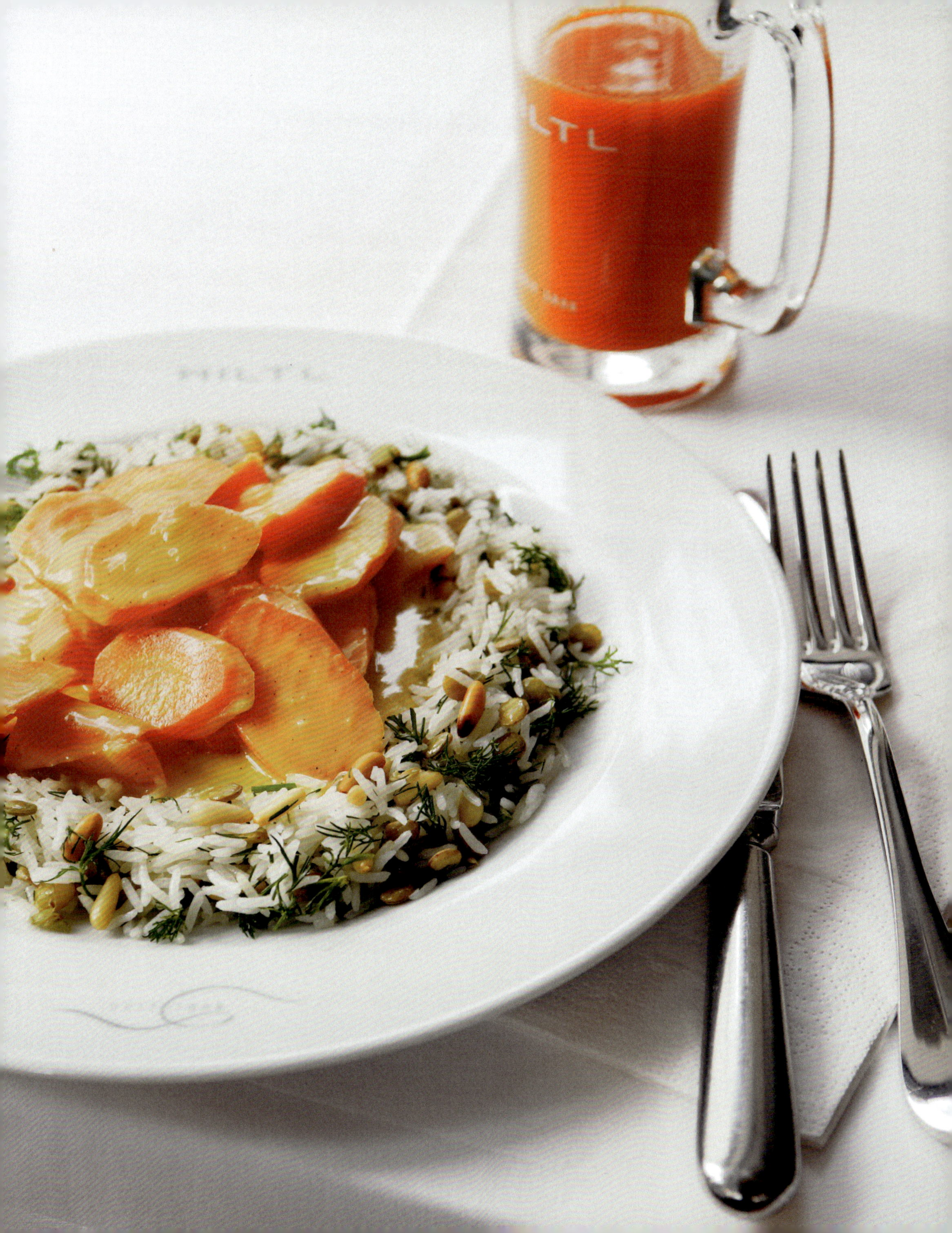

GEMÜSE & PILZE

Gorgonzola-Zucchetti
mit Tomatenwürfeln

4 Portionen

2 Tomaten
3 Zucchetti
2 EL Olivenöl
1 Zwiebel, gehackt
1 Lorbeerblatt
1 Zweig Oregano
1 Zweig Majoran
2 dl Weisswein
3 dl Gemüsebouillon (siehe S. 140)
300 g Gorgonzola
2 Prisen weisser Pfeffer, gemahlen
1 EL Zitronensaft, frisch gepresst
Salz, schwarzer Pfeffer aus der Mühle
½ Bund italienische Kräuter, gemischt

Die Tomaten kreuzweise einschneiden, kurz in siedendes Wasser tauchen, herausnehmen und kalt abschrecken. Häuten und in Würfel schneiden.

Die Zucchetti längs halbieren und schräg in 1 cm dicke Scheiben schneiden. In einer Pfanne Öl erhitzen, Zwiebeln, Lorbeerblatt und Kräuterzweige dazugeben, anziehen, bis die Zwiebeln glasig sind. Mit Weisswein und Bouillon ablöschen. Den Gorgonzola, weissen Pfeffer und Zitronensaft dazugeben, aufkochen.

Lorbeerblatt und Kräuterzweige herausnehmen, kurz mit dem Stabmixer mixen und reduzieren, bis die Sauce die gewünschte Bindung hat, abschmecken.

Die Zucchetti in die Sauce geben, in der fertigen Sauce bissfest kochen und anrichten. Die gemischten Kräuter hacken und mit den Tomatenwürfeln über die angerichteten Zucchetti streuen.

TIPP Auf Tagliatelle servieren.

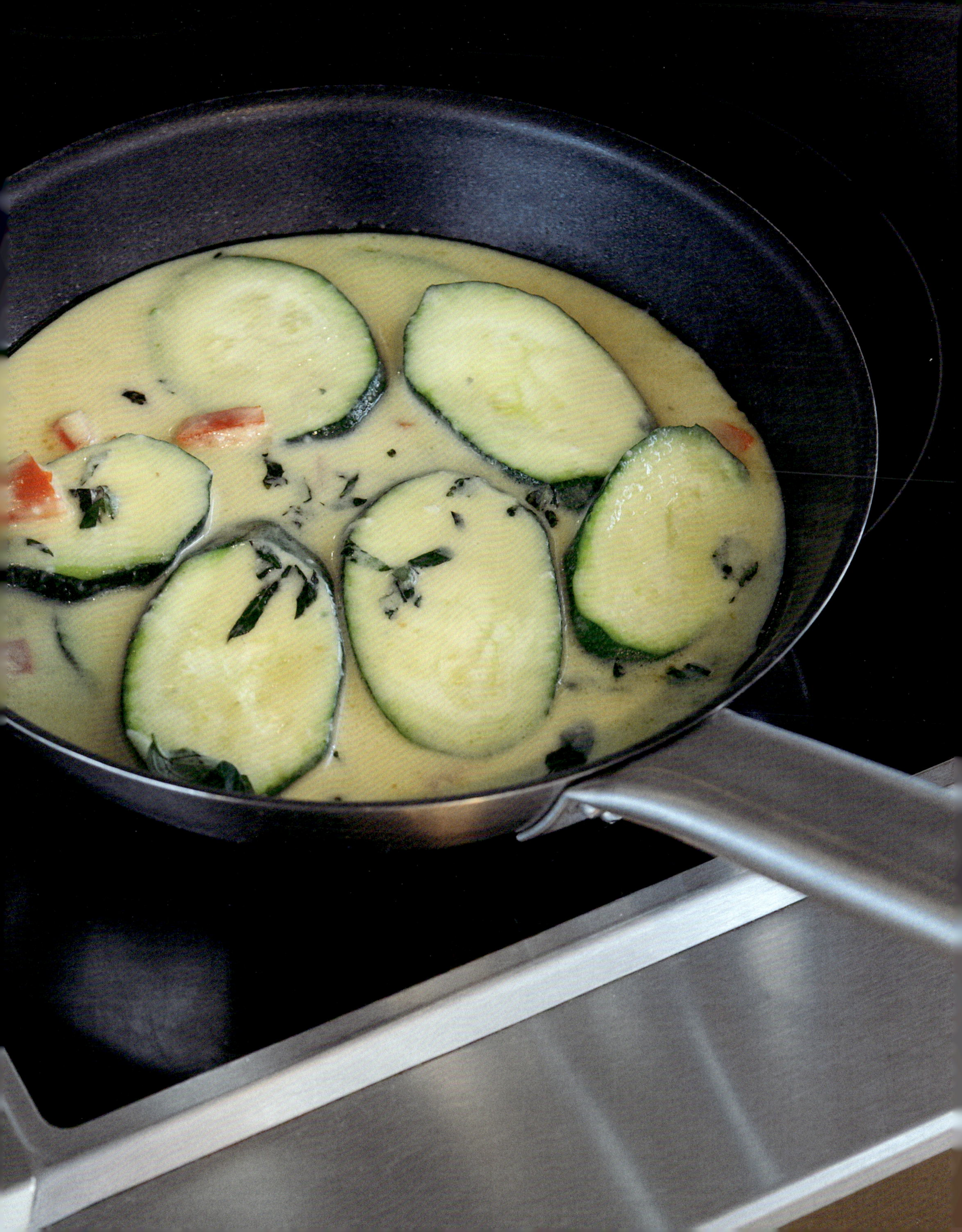

GEMÜSE & PILZE

Karotten-Pflaumen-Tagine
aus Marokko

4 Portionen

6 Karotten
2 EL Olivenöl
2 Zwiebeln
1½ Knoblauchzehen
½ TL Ingwer, gemahlen
1 TL Safranfäden
½ TL Zimt, gemahlen
½ TL Koriander, gemahlen
½ TL Kreuzkümmel, gemahlen
1 EL Birnel (20 g)
1 l Gemüsebouillon (siehe S. 140)
50 g ganze Mandeln, geschält
1 EL Rosenwasser
150 g getrocknete Pflaumen, entsteint und halbiert
Salz, schwarzer Pfeffer aus der Mühle
wenig ganze Mandeln, geschält

Die Karotten schälen und schräg in 5 mm dicke Scheiben schneiden. Zwiebeln und Knoblauch schälen, fein hacken und in etwas Öl glasig dünsten. Die Hitze reduzieren, Gewürze und Birnel dazugeben.

Karotten hinzufügen und alles gut mischen, mit Bouillon ablöschen und die Karotten knapp weich kochen.

Mandeln, Rosenwasser und Pflaumen dazugeben, nochmals alles bis vors Kochen bringen, mit Salz und Pfeffer abschmecken.

Geschälte ganze Mandeln in einer Teflonpfanne vorsichtig rösten, bis sie leicht braun werden.

Anrichten und mit gerösteten Mandeln servieren.

TIPP Zu diesem Gericht passen Couscous und Zimt-Harissa (siehe S. 134). Rosenwasser ist in türkischen Läden, Drogerien und Apotheken zu finden. Couscous-Rezept aus «Hiltl. Vegetarisch nach Lust und Laune». Statt Birnel kann auch Honig verwendet werden.

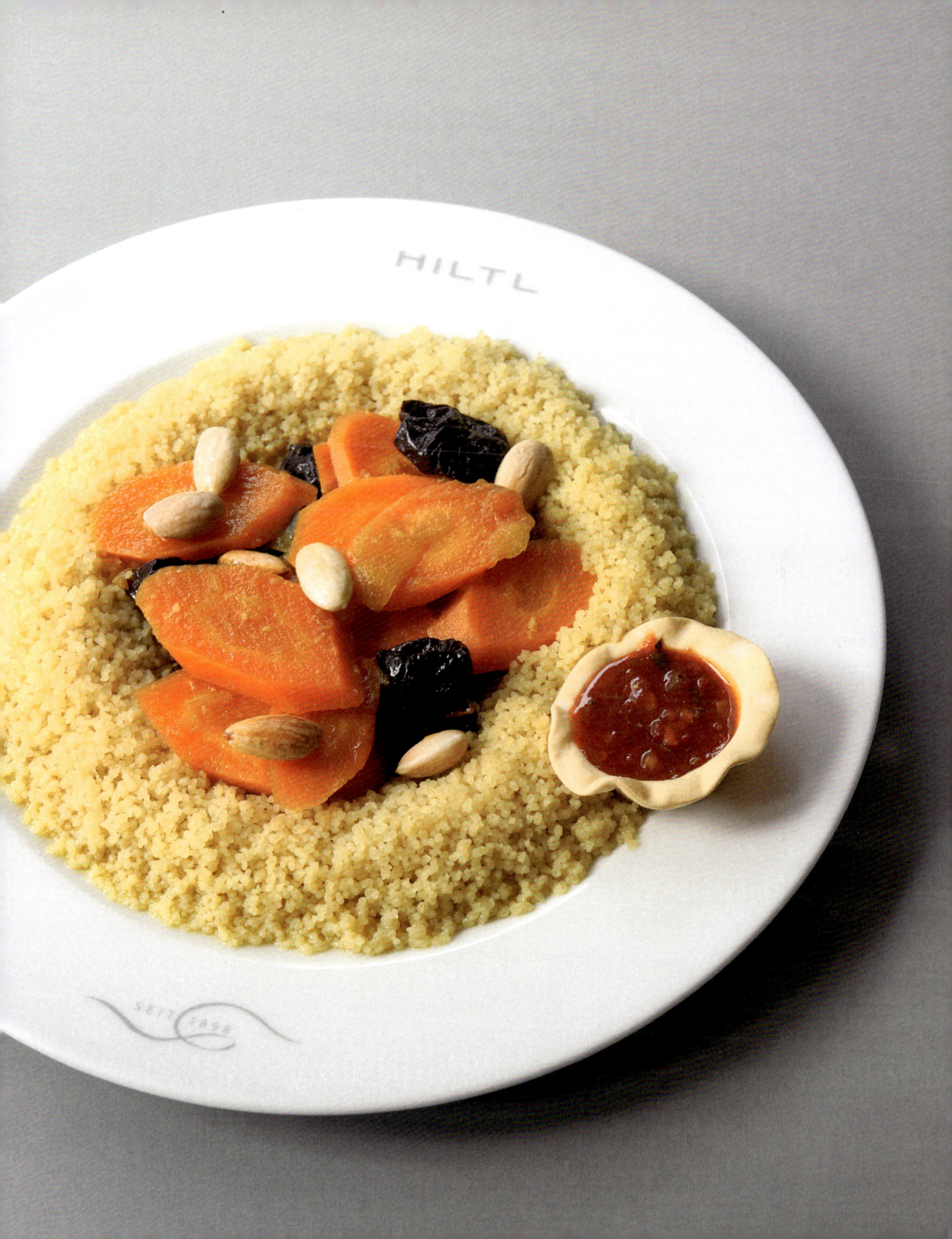
HILTL
SEIT 1898

GEMÜSE & PILZE

Malaysia Rendang
die Hiltl-Variante im Wok

4 Portionen

250 g Shiitake-Pilze
1 Aubergine
3 Zucchetti
300 g Wirz
6 EL Sonnenblumenöl HO (High Oleic)

Sauce

1 EL Sonnenblumenöl HO (High Oleic)
1 Sternanis
45 g grüne Thai-Currypaste (siehe S. 128)
5 Kaffirlimetten-Blätter
1 Stängel Zitronengras
1 EL Tamarindenpaste
6 EL Reiswein
1½ TL Kurkuma, gemahlen
1½ TL Paprika, edelsüss
1½ TL Koriander, gemahlen
3 EL Kokosraspel
8 dl Kokosmilch
½ Bund Koriander, gehackt
3 EL Sojasauce Tamari
2 TL Jaffna-Curry
40 g Palmzucker
7 dl Gemüsebouillon (siehe S. 140)

Salz, schwarzer Pfeffer aus der Mühle

Die harten Stiele der Shiitake-Pilze entfernen, die Pilze dann in Scheiben schneiden. Die Aubergine und Zucchetti längs halbieren und schräg in 1 cm dicke Scheiben schneiden. Aubergine leicht salzen, 30 Minuten stehen lassen und mit Haushaltpapier trocken tupfen. Den Wirz in 2 cm grosse Stücke schneiden.

Etwas Öl erhitzen und das Gemüse portionsweise separat goldbraun anbraten.

Für die Sauce das Öl in einer separaten Pfanne erhitzen, den Sternanis braten, bis er fein duftet. Alle übrigen Zutaten und die Bouillon beigeben, gut mischen und 15 Minuten köcheln lassen. Zitronengras und Sternanis entfernen, die Sauce mit dem Stabmixer pürieren.

Das Gemüse hinzugeben, kurz erwärmen und nach Belieben mit Salz und Pfeffer abschmecken.

TIPP Jaffna-Curry ist sehr scharf und hat eine bräunlichrote Farbe. Wer keinen Wok zu Hause hat, kann eine grosse Bratpfanne verwenden. Mit Parfümreis oder Basmatireis und blanchierten Mungbohnensprossen anrichten.

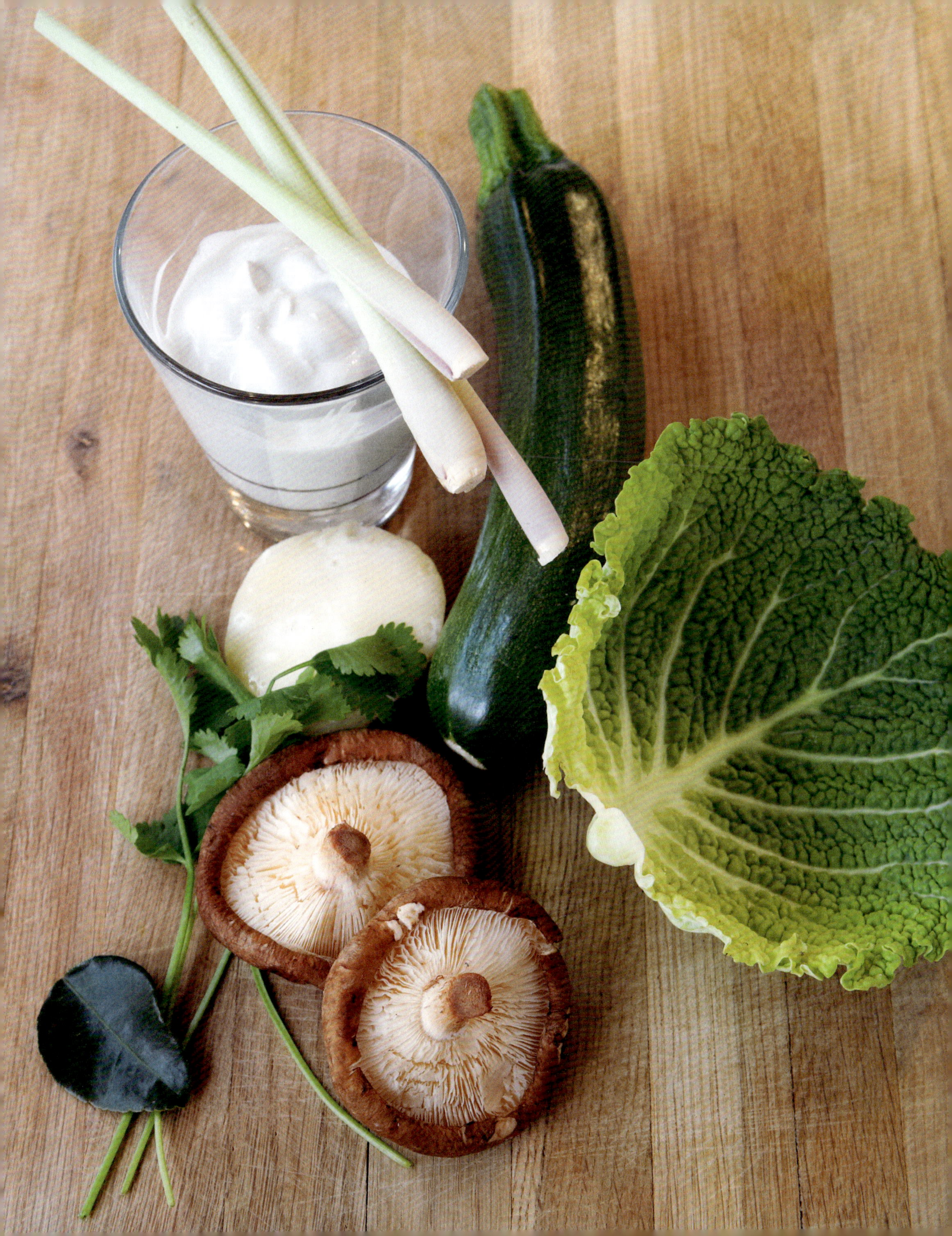

GEMÜSE & PILZE

Kürbis an Tomaten-Mandel-Sauce
perfekt mit Quinoa

4 Portionen

500 g Butternut-Kürbis, gerüstet
10 Cherry-Tomaten
2 EL Olivenöl
1 Zwiebel, gehackt
1 Knoblauchzehe, gepresst
100 g Mandelmus
2 dl Weisswein
1 dl Gemüsebouillon (siehe S. 140)
6 dl Tomatensaft
1 Prise weisser Pfeffer
1 TL Paprika, edelsüss
1 TL Salz
30 g italienische Kräuter, gehackt
40 g Mandelblättchen, geröstet

Den Kürbis in 1,5 cm grosse Würfel schneiden. Die Cherry-Tomaten längs halbieren.

Das Olivenöl erhitzen, Zwiebeln und Knoblauch dazugeben und 5 Minuten gut anziehen.

Das Mandelmus dazugeben, alles gut mischen.

Mit Weisswein, Bouillon und Tomatensaft ablöschen, auf mittlere Hitze zurückschalten. Gewürze und Salz dazugeben. Die Sauce mit dem Stabmixer mixen und die gehackten Kräuter beifügen.

Den Kürbis dazugeben und weich garen, bis der Kürbis al dente ist. Mit den gerösteten Mandelblättchen und den Cherry-Tomaten garnieren.

TIPP Der Butternut-Kürbis gehört zu den Moschuskürbissen und kann durch Muscade de Provence ersetzt werden.

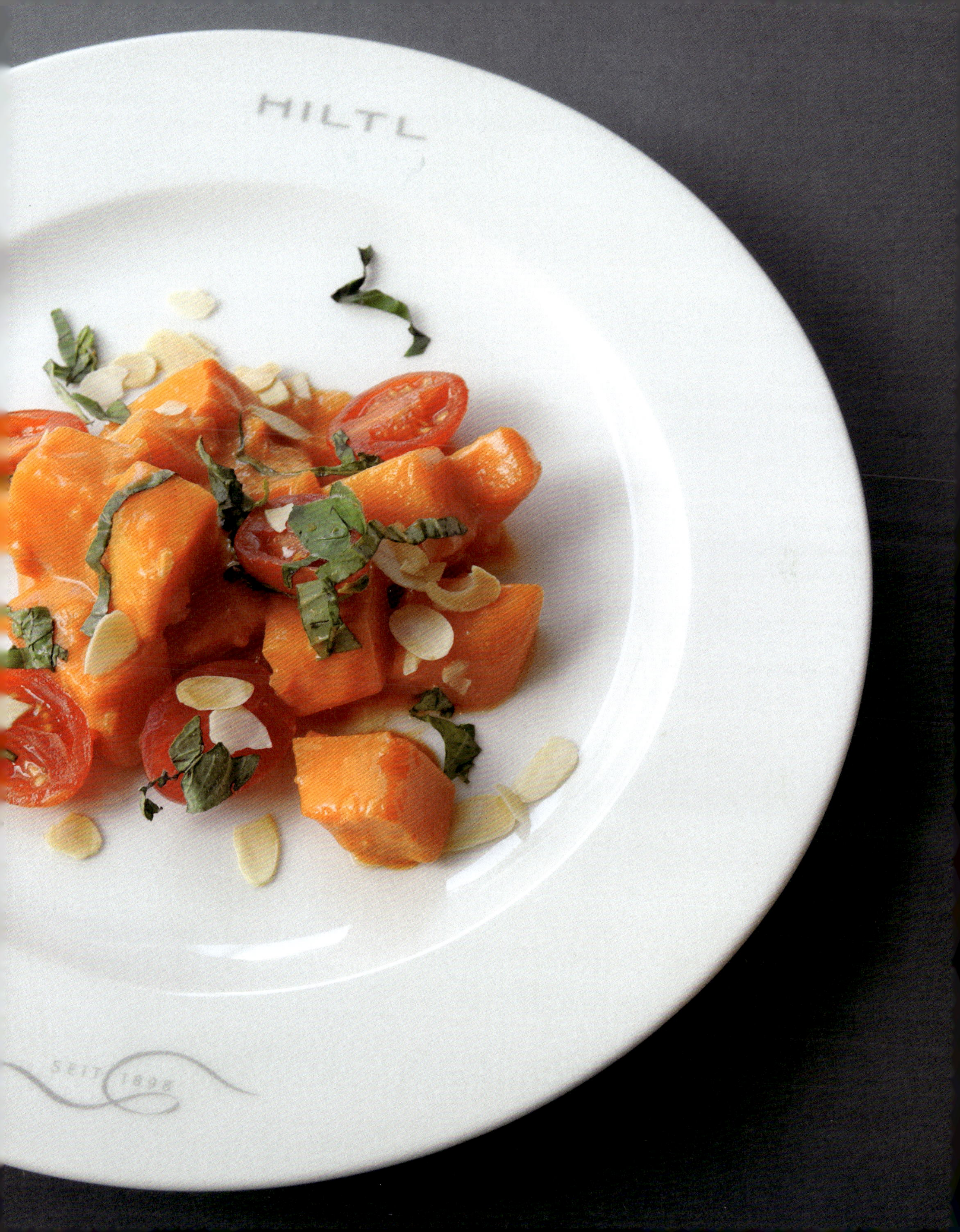
HILTL
SEIT 1898

Blumenkohl an grüner Pfeffersauce
Kohl in Bestform

4 Portionen

1 Blumenkohl, gerüstet
1 EL Olivenöl
4–5 EL grüne Pfefferkörner, eingelegt
1 Zwiebel, gehackt
1 Lorbeerblatt
2 dl Weisswein
2 dl Gemüsebouillon (siehe S. 140)
4 dl Rahm
20 g Butter
evtl. 1 EL Maizena
½ TL Muskatnuss, gerieben
1 EL Zitronensaft, frisch gepresst
Salz, schwarzer Pfeffer aus der Mühle
1 Bund Petersilie, gehackt

Den Blumenkohl in 4 cm grosse Röschen teilen, in Salzwasser al dente kochen, mit Eiswasser abkühlen, abtropfen lassen.

Das Öl erhitzen, Pfefferkörner kurz anziehen. Die Zwiebeln und das Lorbeerblatt beigeben und bei mittlerer Hitze glasig dünsten.

Mit Weisswein und Bouillon ablöschen, Rahm und Butter beigeben, aufkochen. Die Hitze auf mittlere Stufe reduzieren und die Sauce einige Minuten einkochen lassen.

Evtl. die Sauce mit in wenig Wasser angerührtem Maizena binden. Mit Salz, Muskatnuss, Zitronensaft und Pfeffer würzen.

Kurz vor dem Servieren den Blumenkohl in die Sauce geben und nochmals aufkochen. Mit Salz und Pfeffer abschmecken. Anrichten und mit gehackter Petersilie garnieren.

TIPP Mit lila Blumenkohl wird das Gericht farbenfroher.

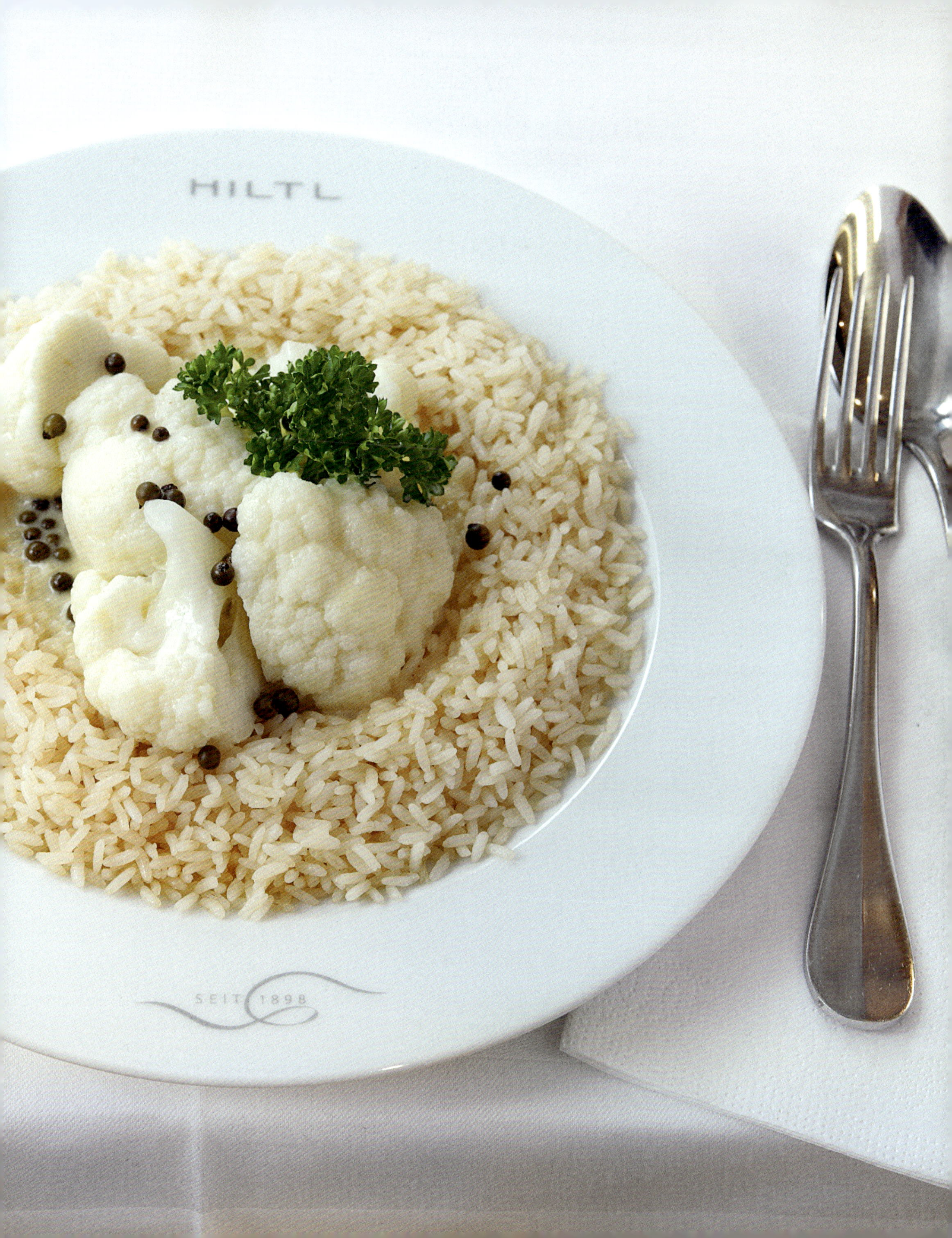
HILTL
SEIT 1898

Südindisches Black-Curry

Margrith Hiltls Lieblingscurry

4 Portionen

3 Auberginen
5 EL Sonnenblumenöl HO (High Oleic)
2 TL Senfsamen, schwarz
5 TL Fenchelsamen
1½ TL Kreuzkümmelsamen
20 frische Curryblätter
3 Zwiebeln, Ringe
2 EL Koriander, gemahlen
3½ TL schwarzer Pfeffer, gebrochen
1 TL Cayennepfeffer
8 EL Kokosraspel
1½ EL Tamarindenpaste
500 g gehackte Tomaten (Dose)
2 Knoblauchzehen, gepresst
1 Bund Koriander, gehackt
1½ TL Salz
2½ l Gemüsebouillon (siehe S. 140)
500 g Kartoffeln, geschält
Salz, schwarzer Pfeffer aus der Mühle
½ Bund Koriander, gehackt

Die Auberginen vierteln, in 2 cm grosse Würfel schneiden, mit Salz bestreuen und 30 Minuten stehen lassen. Mit Haushaltpapier trocken tupfen.

Senfsamen, Fenchelsamen und Kreuzkümmel in 2 EL Öl anziehen, bis sie aufspringen. Curryblätter dazugeben, kurz mit anziehen. Zwiebelringe dazugeben, anziehen, bis sie glasig sind.

Gewürze, Kokosraspel, Tamarindenpaste, Tomaten, Knoblauch, Koriander und Salz dazugeben, mit anziehen, bis eine Paste entsteht. Die Bouillon dazugeben, aufkochen, die Sauce auf 1½ l reduzieren, mit dem Stabmixer pürieren.

Die Kartoffeln in 2 cm grosse Würfel schneiden, in Salzwasser weich kochen, abgiessen und in die fertige Sauce geben.

Das restliche Öl erhitzen und die Auberginenwürfel rundum goldbraun braten, drei Viertel davon ebenfalls in die Sauce geben. Abschmecken, anrichten und mit Koriander und den restlichen Auberginenwürfeln garnieren.

TIPP Mit knusprigem Papadam garnieren.

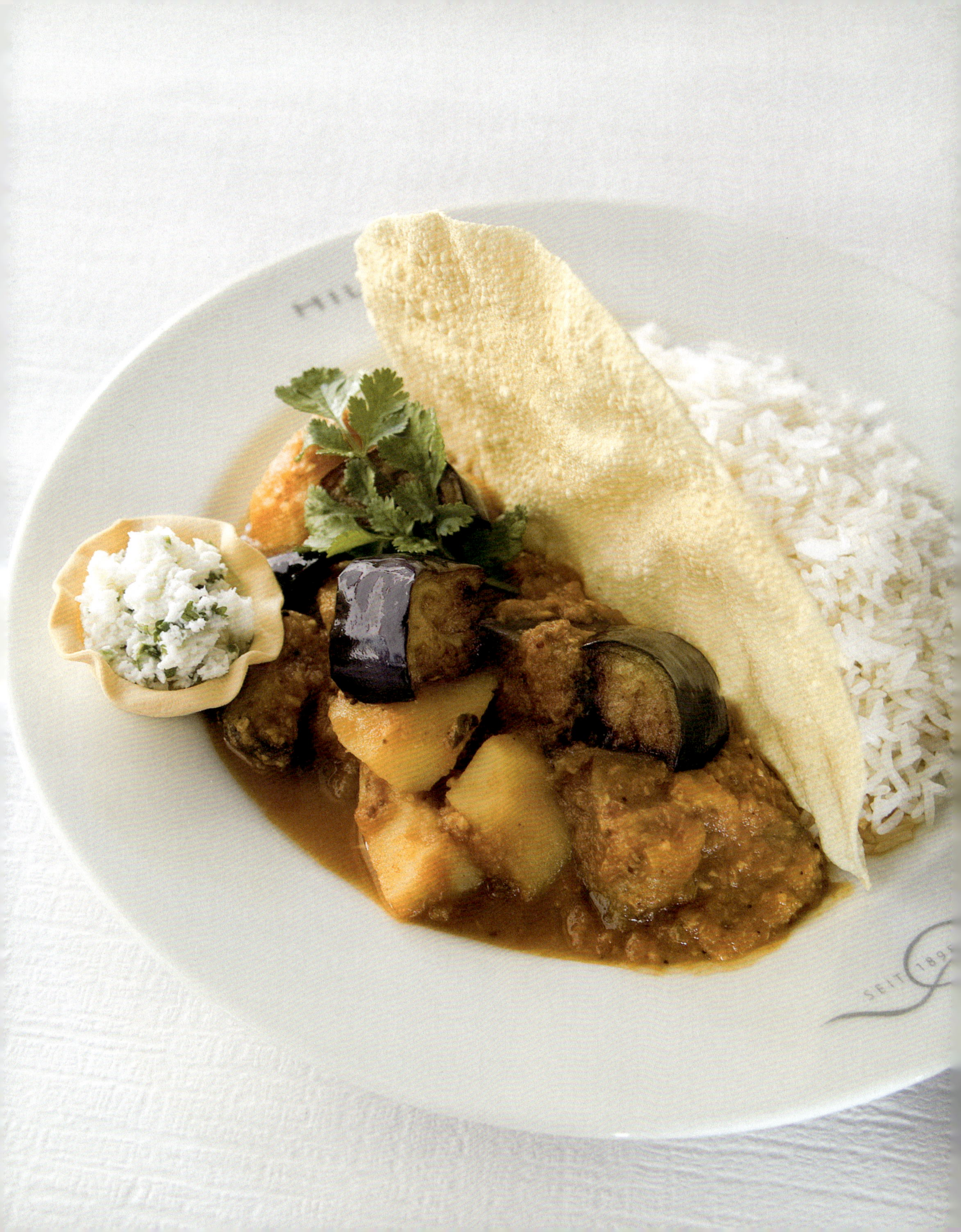
SEIT

GEMÜSE & PILZE

Mega-Gemüsespiess
die Marinade macht den Unterschied

4 Portionen

Marinade
3 EL Senf
1 Knoblauchzehe, gepresst
2 EL Rotwein
1 TL Paprika, edelsüss
2 TL schwarzer Pfeffer, gebrochen
2 dl Olivenöl

Gemüse
1 rote Peperoni
1 gelbe Peperoni
2 Gemüsezwiebeln
1 Aubergine
1 Zucchetti
8 Champignons

4 lange Holzspiesse, ca. 28 cm

Die Holzspiesse in einer Schüssel mit Wasser einlegen.

Für die Marinade den Senf und Knoblauch mit den Gewürzen und dem Rotwein verrühren, das Olivenöl unter ständigem Rühren dazugeben.

Die Peperoni entkernen, in 3 cm breite Streifen und diese in 4 cm grosse Stücke schneiden. Die Gemüsezwiebeln schälen, in 4 cm breite Schnitze schneiden. Die innersten zwei Schichten entfernen, damit man die Schnitze gut aufspiessen kann. Die Aubergine in 3 mm dünne Scheiben und die Zucchetti schräg in 2 cm dicke Scheiben schneiden.

Das Gemüse abwechslungsweise auf lange Holzspiesse stecken, Auberginenscheiben dafür jeweils aufrollen. Spiesse auf ein Blech legen, rundum mit der Marinade bestreichen und 30 Minuten marinieren.

Die Spiesse über mittlerer Glut ca. 15 Minuten grillieren, ab und zu wenden.

TIPP Im Winter einfach als Ofengemüse zubereiten.

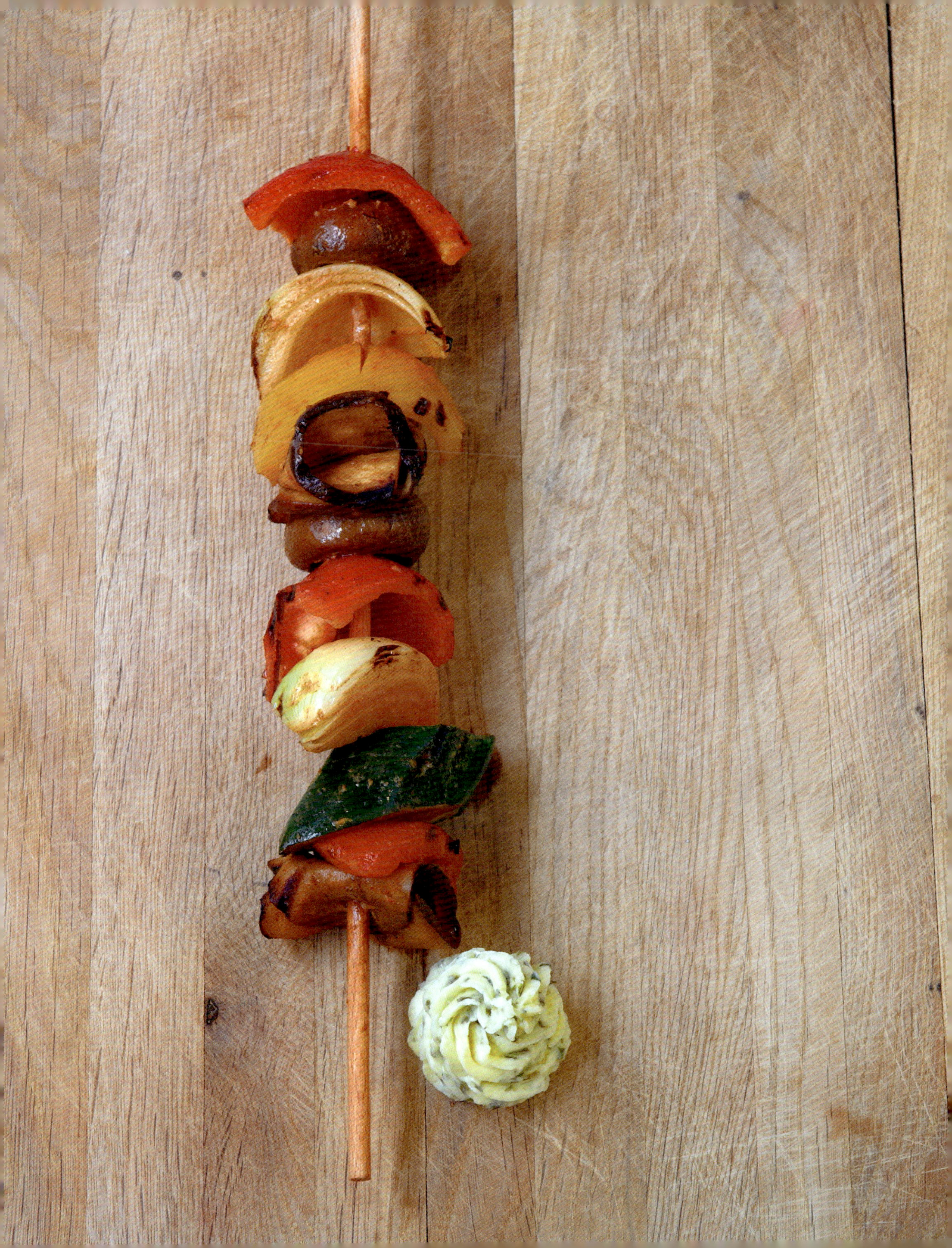

Kartoffel-Halloumi-Plätzchen
im Sesammantel

4 Portionen

3 Kartoffeln
1 Zucchetti
2 Tomaten
250 g Halloumi
½ Bund Estragon
1 Ei
8 EL Mehl
Salz, schwarzer Pfeffer aus der Mühle
Paprika, edelsüss
100 g Sesamsamen, geschält
3 EL Olivenöl

Die Kartoffeln schälen und in Salzwasser weich kochen.

Die Zucchetti grob raffeln und mit den Händen gut ausdrücken.

Die Tomaten entkernen und würfeln. Halloumi in kleine Würfel schneiden, Estragon fein hacken.

Die gekochten Kartoffeln mit einer Gabel zerdrücken. Dann mit Zucchetti, Tomaten, Halloumi, Estragon, Ei und Mehl gut mischen.

Mit Salz, Pfeffer und Paprika abschmecken.

Aus dem Teig mit angefeuchteten Händen kleine Plätzchen formen.

Die Kartoffelplätzchen in Sesam wälzen und in heissem Öl in der Pfanne bei schwacher Hitze von jeder Seite 5 Minuten braten.

TIPP Halloumi, auch Halumi genannt, ist ein halbfester Schnittkäse aus Kuh-, Schaf- oder Ziegenmilch. Er gilt als Spezialität Zyperns, wo er seit mehr als 2000 Jahren hergestellt wird, ist aber ebenso in Griechenland, der Türkei, im Libanon, in Libyen sowie Ägypten bekannt. Halloumi schmeckt würzig und hat eine feste Konsistenz, weshalb er gern zum Grillen oder Braten verwendet wird, da er nicht zerläuft.

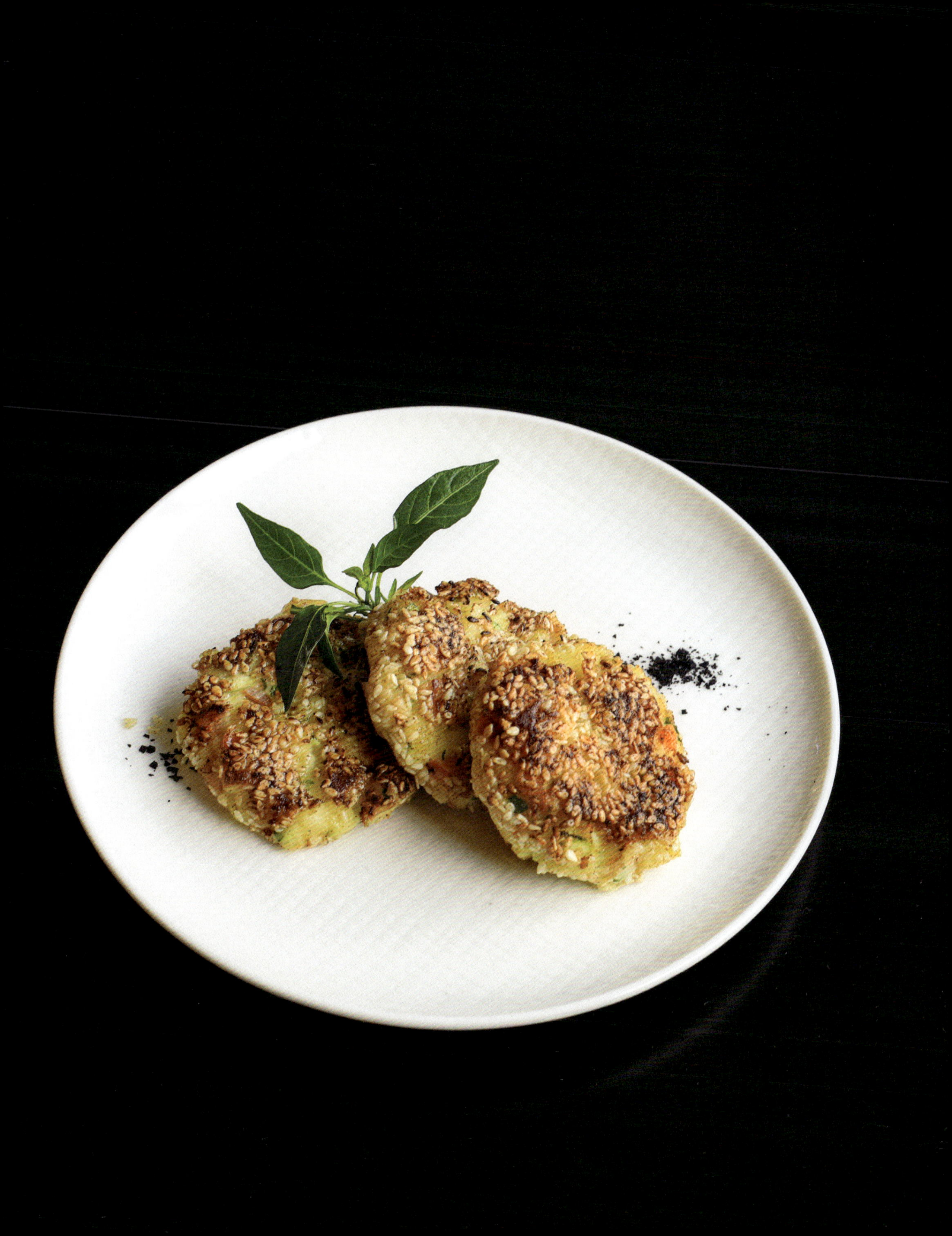

GEMÜSE & PILZE

Persische Auberginen
mit Gelberbsen

4 Portionen

1 Aubergine
Salz
3 Kartoffeln, geschält
2 Tomaten
2 Zwiebeln
3 EL Olivenöl
300 g Gelberbsen, halbiert, getrocknet
2 EL Tomatenpüree
1 TL Kurkuma, gemahlen
2 TL Kreuzkümmel, gemahlen
1 TL Paprika, edelsüss
1 Prise Chili, gemahlen
2 EL Limettensaft, frisch gepresst
8 dl Gemüsebouillon (siehe S. 140)
Salz, schwarzer Pfeffer aus der Mühle

Aubergine in 1,5 cm grosse Würfel schneiden, salzen und 15 Minuten stehen lassen. Kartoffeln und Tomaten in 1,5 cm Würfel schneiden, Kartoffeln in Salzwasser gar kochen.

Zwiebeln schälen und fein hacken. 1 EL Öl in einem hohen Topf erhitzen und die Zwiebeln darin bei niedriger Hitze andünsten. Gelberbsen beigeben und ebenfalls andünsten. Tomatenpüree zugeben und anrösten. Gewürze und Limettensaft hinzugeben und andünsten. Mit Bouillon auffüllen und 15–20 Minuten einkochen lassen, bis die Gelberbsen weich sind.

Auberginenwürfel abtupfen und im restlichen Öl goldbraun anbraten.

Kartoffeln, Tomaten und Auberginen zum Eintopf geben, nochmals aufkochen und mit Salz und Pfeffer abschmecken.

TIPP Dazu passt Kräuterquark oder Tzaziki

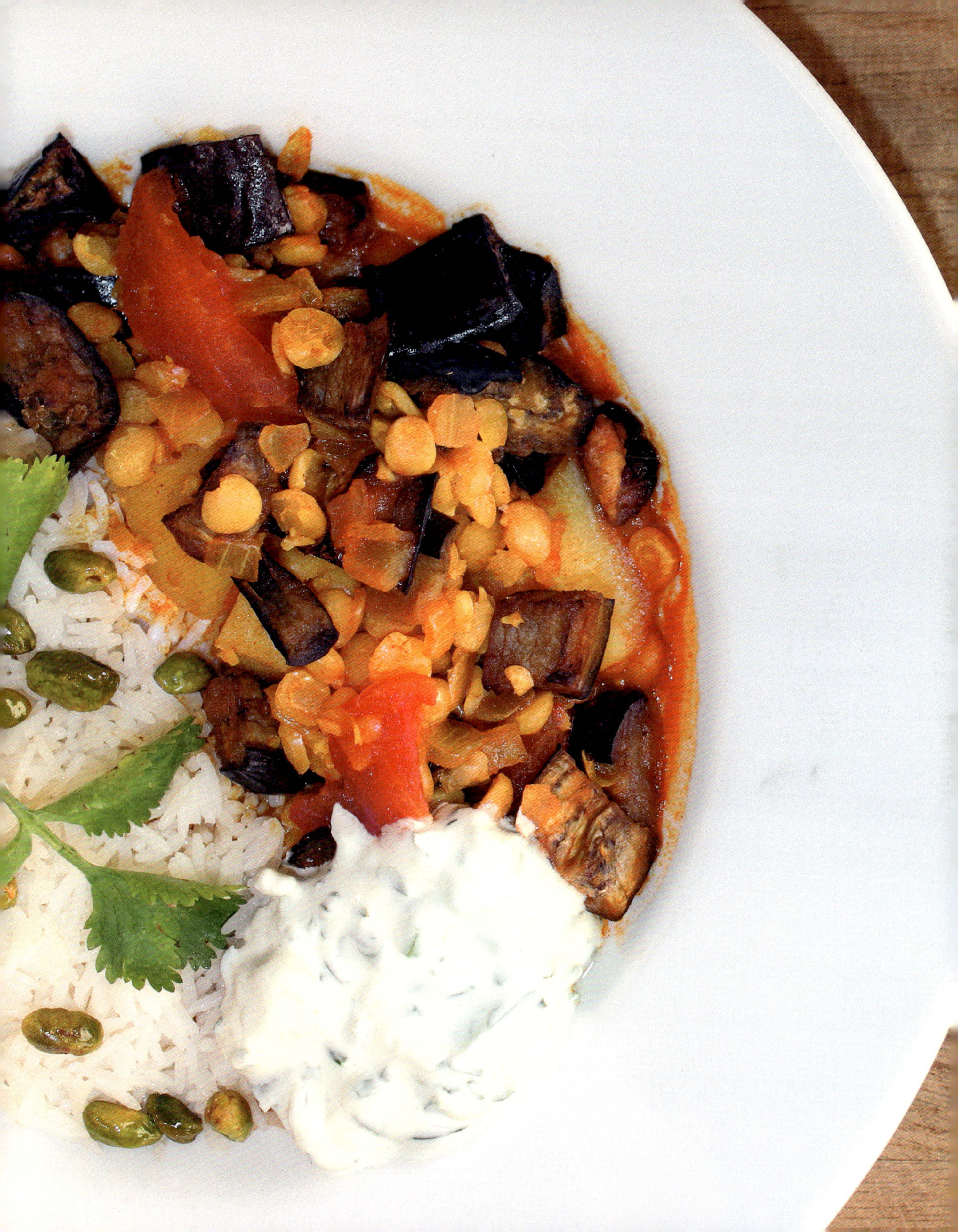

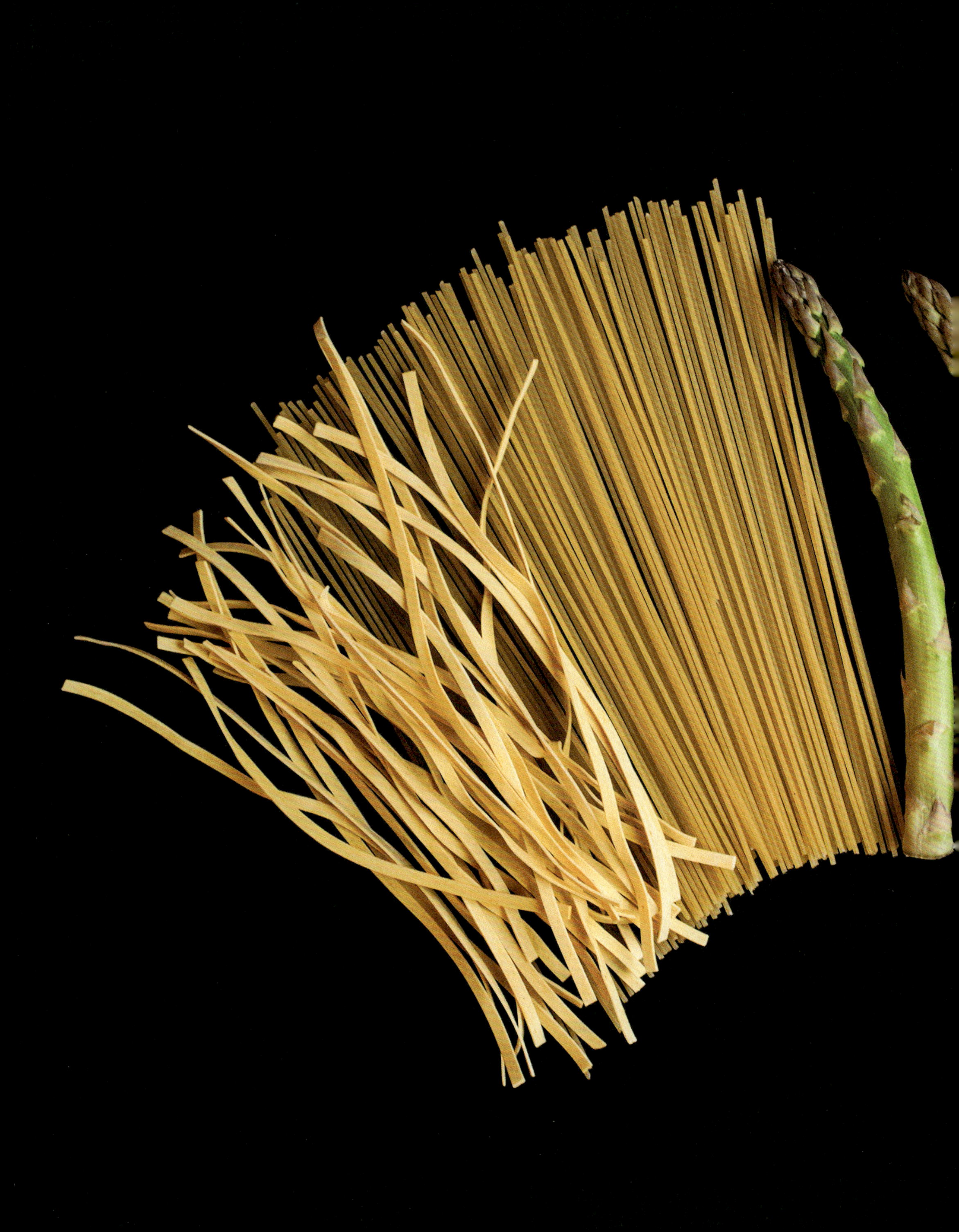

Getreide
Pasta

GETREIDE & PASTA

Safran-Nudeln

auch auf den Flügen der Swiss International Airlines beliebt

4 Portionen

8 grüne Spargeln
100 g Frühlingszwiebeln
2 EL Olivenöl
1 dl Weisswein
4 dl Gemüsebouillon
 (siehe S. 140)
3 dl vegane Saucencreme
½ TL Safran, gemahlen
Salz, schwarzer Pfeffer
 aus der Mühle
200 g Cherry-Tomaten
400 g Safran-Nudeln
Safranfäden zum Garnieren

Die Spargeln frisch anschneiden, im unteren Drittel schälen. Die Spitzen abschneiden, längs halbieren, in kochendem Wasser 1 Minute blanchieren, in Eiswasser abschrecken und als Garnitur behalten. Die übrigen Spargeln schräg in Scheiben schneiden. Die Frühlingszwiebeln schräg in Ringe schneiden.

Öl erhitzen, Spargelscheiben und Frühlingszwiebeln dazugeben, 2–3 Minuten anziehen. Mit dem Wein ablöschen und leicht einreduzieren. Mit Bouillon und Saucencreme auffüllen und 10 Minuten einkochen lassen.

Gemahlenen Safran dazugeben, mit Salz und Pfeffer abschmecken. Die Cherry-Tomaten längs halbieren und in die Sauce geben.

Die Safran-Nudeln in Salzwasser al dente kochen, abgiessen und sofort mit der Sauce mischen. Anrichten, mit den Spargelspitzen und nach Wunsch mit Safranfäden garnieren.

TIPP Im Winterhalbjahr den Spargel durch 1 cm breite, voneinander gelöste Fenchelschnitze ersetzen.

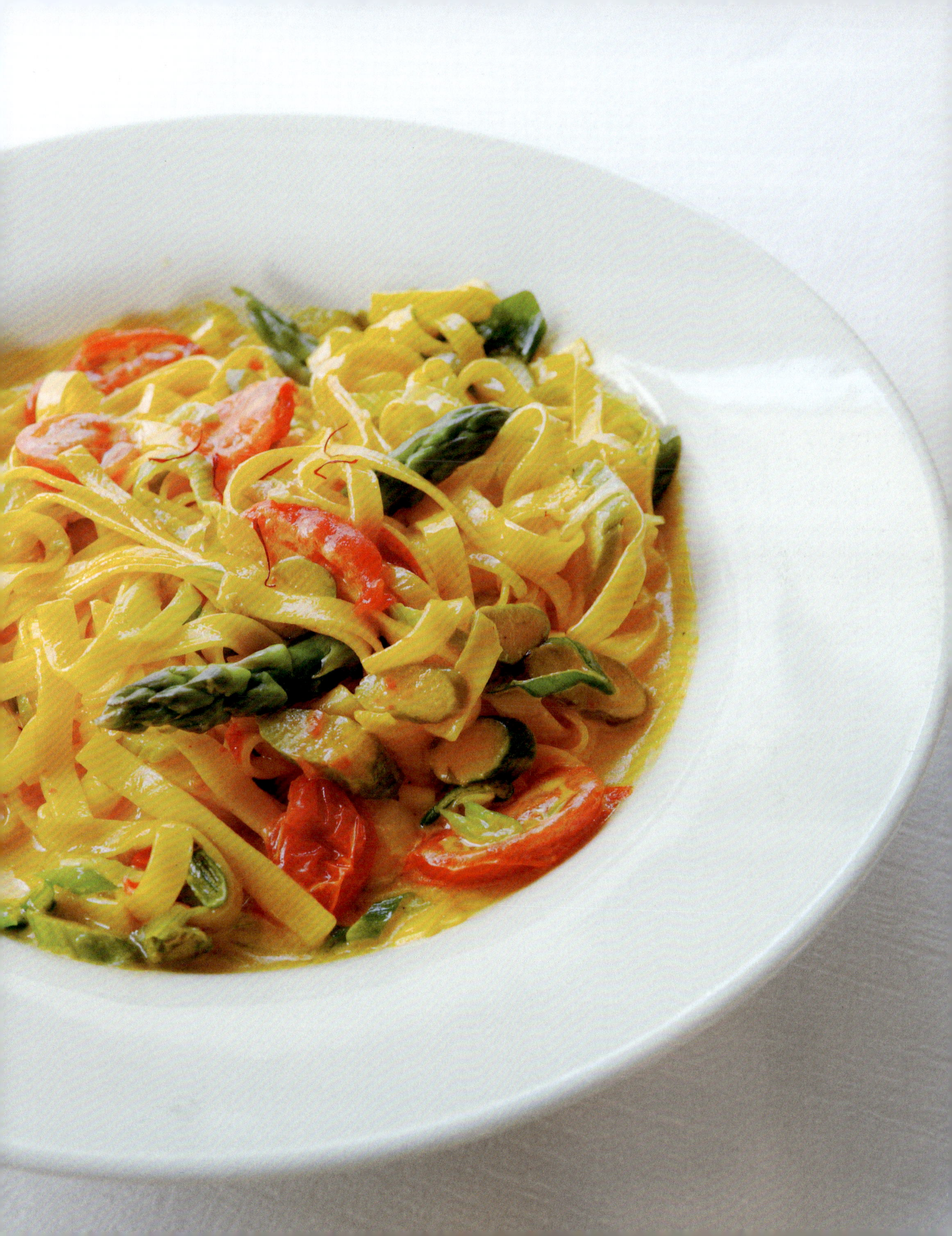

GETREIDE & PASTA

Spaghetti Bolognese
bei Klein und Gross beliebt

4 Portionen

100 g Knollensellerie
1 Karotte
2 EL Olivenöl
200 g Sojahack
1 Zwiebel, gehackt
1 Knoblauchzehe, gehackt
3 EL Tomatenpüree
1 dl Rotwein
400 g gehackte Tomaten (Dose)
4 dl Gemüsebouillon (siehe S. 140)
4 EL italienische Kräuter
½ TL Rohzucker
1 Prise weisser Pfeffer, gemahlen
1 Prise Muskatnuss, gerieben
Salz
400 g Spaghetti

Den Sellerie rüsten, die Karotte schälen und beide Gemüse in sehr kleine Würfel schneiden.

Öl erhitzen, Sojahack dazugeben und gut anbraten. Gemüsewürfel, Zwiebeln und Knoblauch dazugeben, mit anziehen. Das Tomatenpüree dazugeben und weitere 2 Minuten braten.

Mit dem Rotwein ablöschen, gehackte Tomaten beigeben und mit der Bouillon auffüllen.

Kräuter fein hacken und mit Zucker und Gewürzen dazufügen, umrühren und 15–30 Minuten köcheln lassen. Mit Salz abschmecken.

Die Spaghetti in Salzwasser al dente kochen, abgiessen und mit der Sauce mischen.

TIPP Mit frisch geriebenem Hartkäse servieren.

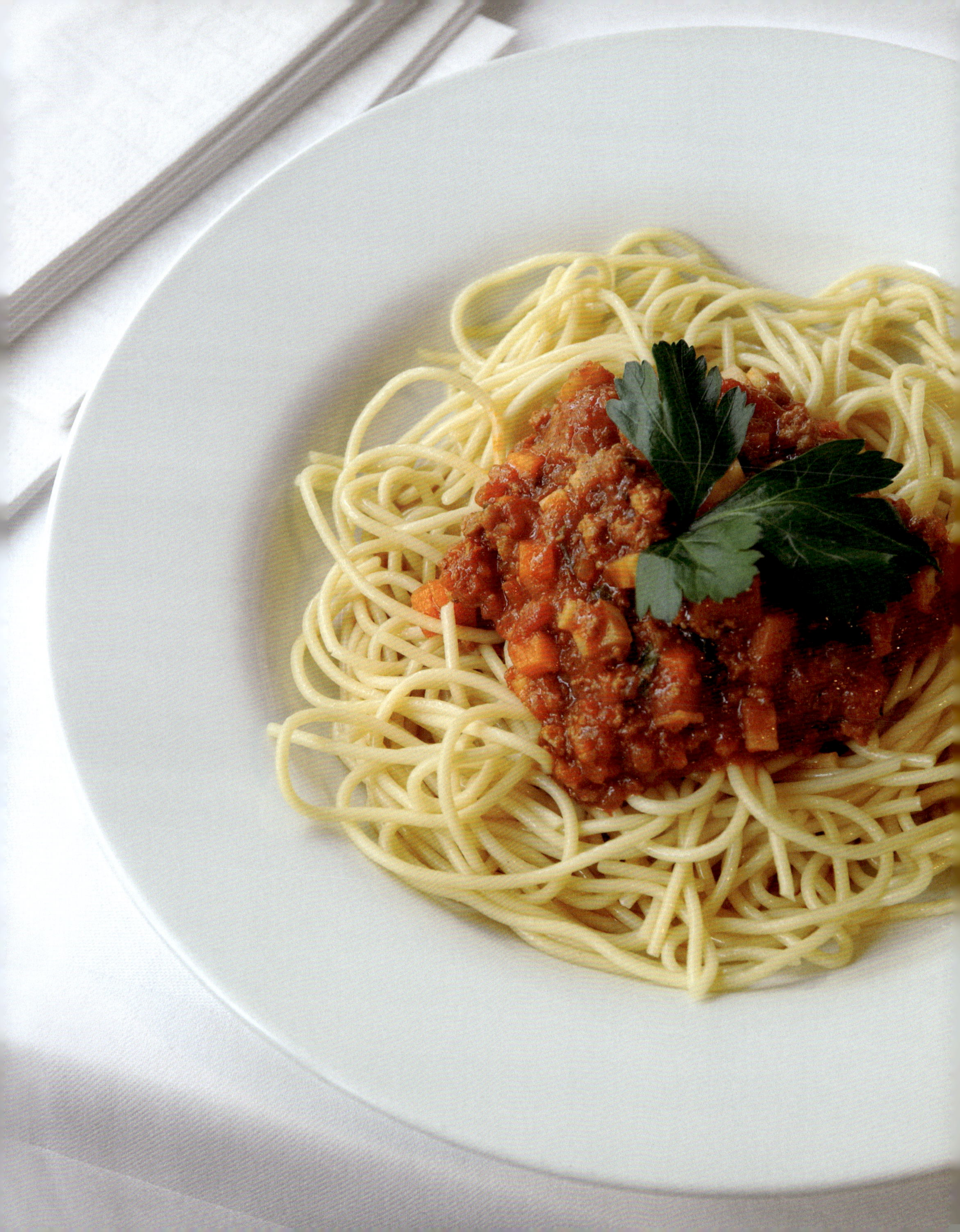

GETREIDE & PASTA

Südindische Kokosnudeln
mit Long Beans

4 Portionen

320 g dünne Bandnudeln
2 Karotten
1 Aubergine
200 g Long Beans
2 Schalotten
4 EL Sonnenblumenöl HO (High Oleic)
1½ TL Senfsamen, schwarz
3 TL Kreuzkümmelsamen
10 frische Curryblätter
1½ TL Chiliflocken
1 TL Kurkuma
3 TL Curry, mild
1½ TL Kreuzkümmel, gemahlen
1 TL Koriander, gemahlen
4 EL Zitronensaft, frisch gepresst
4 dl Gemüsebouillon (siehe S. 140)
8 dl Kokosmilch
100 g grüne Erbsen
Salz, schwarzer Pfeffer aus der Mühle
wenig Koriander, gehackt

Die Nudeln in Salzwasser al dente kochen und gut abtropfen lassen. Die Karotten schälen und in feine Streifen (Juliennes) schneiden. Die Aubergine in 1,5 cm grosse Würfel schneiden, leicht salzen, 30 Minuten stehen lassen und mit Haushaltpapier trocken tupfen.

Die Long Beans schräg in 3 cm lange Stücke schneiden. Die Schalotten schälen und in Ringe schneiden.

2 EL Öl erhitzen, Senfsamen, Kreuzkümmel, Curryblätter und Chiliflocken dazugeben, bei mittlerer Hitze andünsten, bis die Senfsamen aufspringen. Hitze zurückstellen, die Zwiebelringe und die gemahlenen Gewürze beigeben, umrühren. Mit Zitronensaft, Bouillon und Kokosmilch ablöschen, Salz dazugeben und 10 Minuten köcheln lassen.

Die Sauce mit dem Stabmixer pürieren. Das restliche Öl in einer Bratpfanne erhitzen und die Auberginen goldbraun braten. Karottenstreifen und Long Beans dazugeben, die Hitze reduzieren und weitere 5 Minuten unter Rühren braten.

Erbsen, Nudeln und die pürierte Sauce dazugeben, alles gut mischen, erhitzen und abschmecken. Anrichten und mit Koriander bestreuen.

TIPP Frische Curryblätter sind in indischen Läden erhältlich. Zu diesem Gericht passt Dattel-Chutney (Rezept «Hiltl. Vegetarisch nach Lust und Laune»).

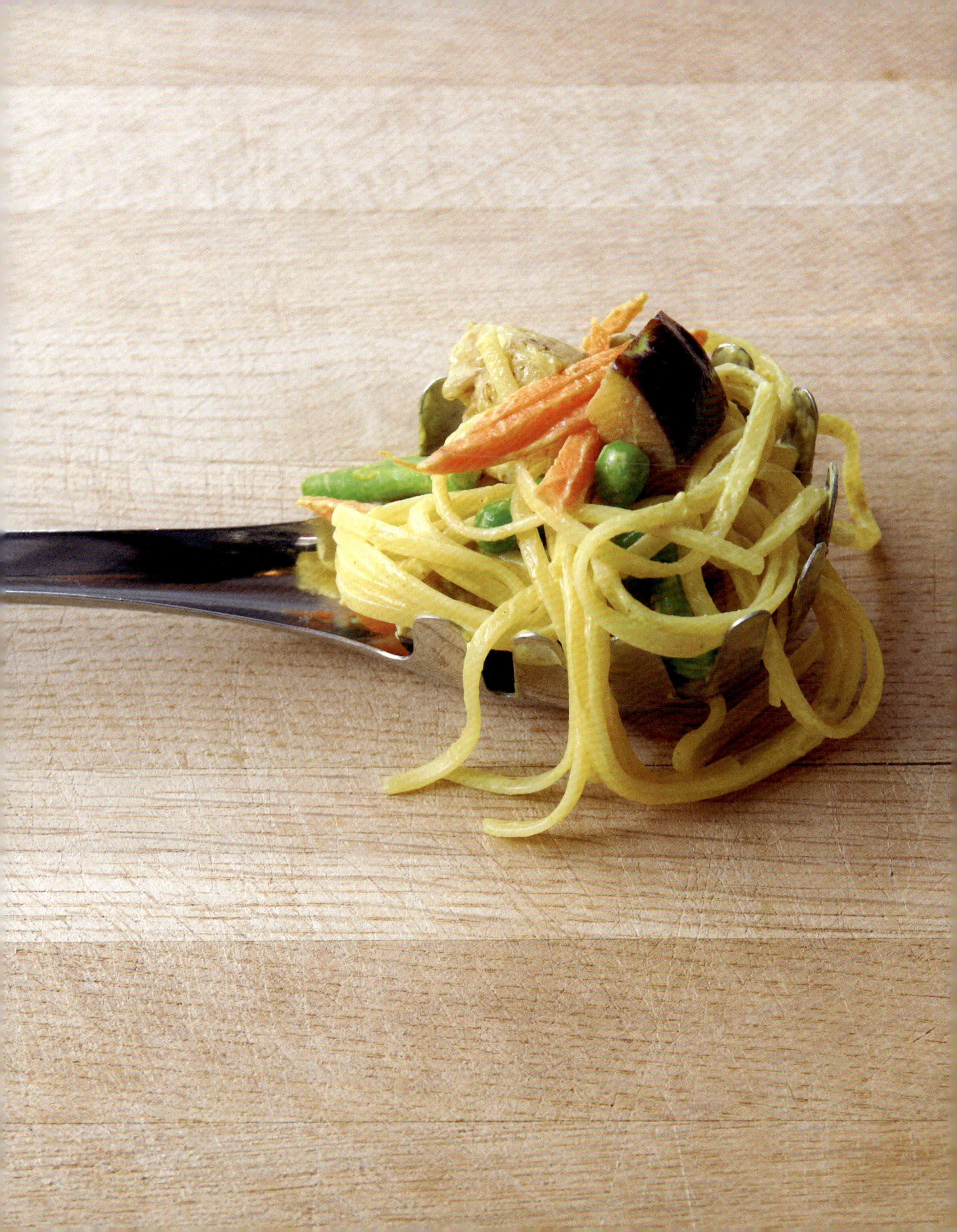

GETREIDE & PASTA

Mee Goreng
Malaysia lässt grüssen

4 Portionen

320 g feine chinesische Eiernudeln
1 Karotte
1 grüne Peperoni
300 g Chinakohl
300 g Austernseitlinge
2 EL Sonnenblumenöl HO (High Oleic)
½ Zwiebel, gehackt
2 walnussgrosse Stücke frische Ingwerwurzel
2 Knoblauchzehen
2 grüne Chilis, gehackt
2 TL mildes Currypulver
1½ TL Kurkuma
2 TL Rohzucker
½ dl Sojasauce Tamari
1 EL Sesamöl
2½ dl Gemüsebouillon (siehe S. 140)
2 EL Zitronensaft, frisch gepresst
Salz, schwarzer Pfeffer aus der Mühle
1 Frühlingszwiebel, Ringe
1 Handvoll Mungbohnensprossen, gewaschen

Die Eiernudeln in eine Schüssel geben und mit kochendem Wasser übergiessen, einweichen, bis sie al dente sind, abgiessen und gut abtropfen lassen.

Die Karotte schälen und in sehr feine Streifen schneiden, die halbierte, entkernte Peperoni und den Chinakohl ebenfalls in Streifen schneiden. Die Austernseitlinge in 2 cm breite Streifen teilen.

Das Öl in einer Bratpfanne erhitzen und die Austernseitlinge anbraten, am Schluss die Zwiebeln beigeben, den Ingwer dazureiben und den Knoblauch dazupressen.

Die gehackten Chilis zusammen mit den Peperoni- und Karottenstreifen dazugeben, mit anziehen. Zuletzt den Chinakohl beigeben, 2 Minuten mit anziehen, dann die vorbereiteten Nudeln beifügen.

Curry, Kurkuma, Zucker sowie Sojasauce und Sesamöl hinzugeben, gut mischen. Mit Bouillon ablöschen und den Zitronensaft dazugeben, mischen, erhitzen und mit Salz und Pfeffer abschmecken. Mit den Frühlingszwiebel-Ringen und den Mungbohnensprossen garnieren.

TIPP Für mehr «Biss» ein Drittel der Nudeln separat knusprig braten und zusammen mit den restlichen Nudeln beigeben. Dazu hausgemachte Sweet-Chili-Sauce (Rezept «Meat the Green») servieren.

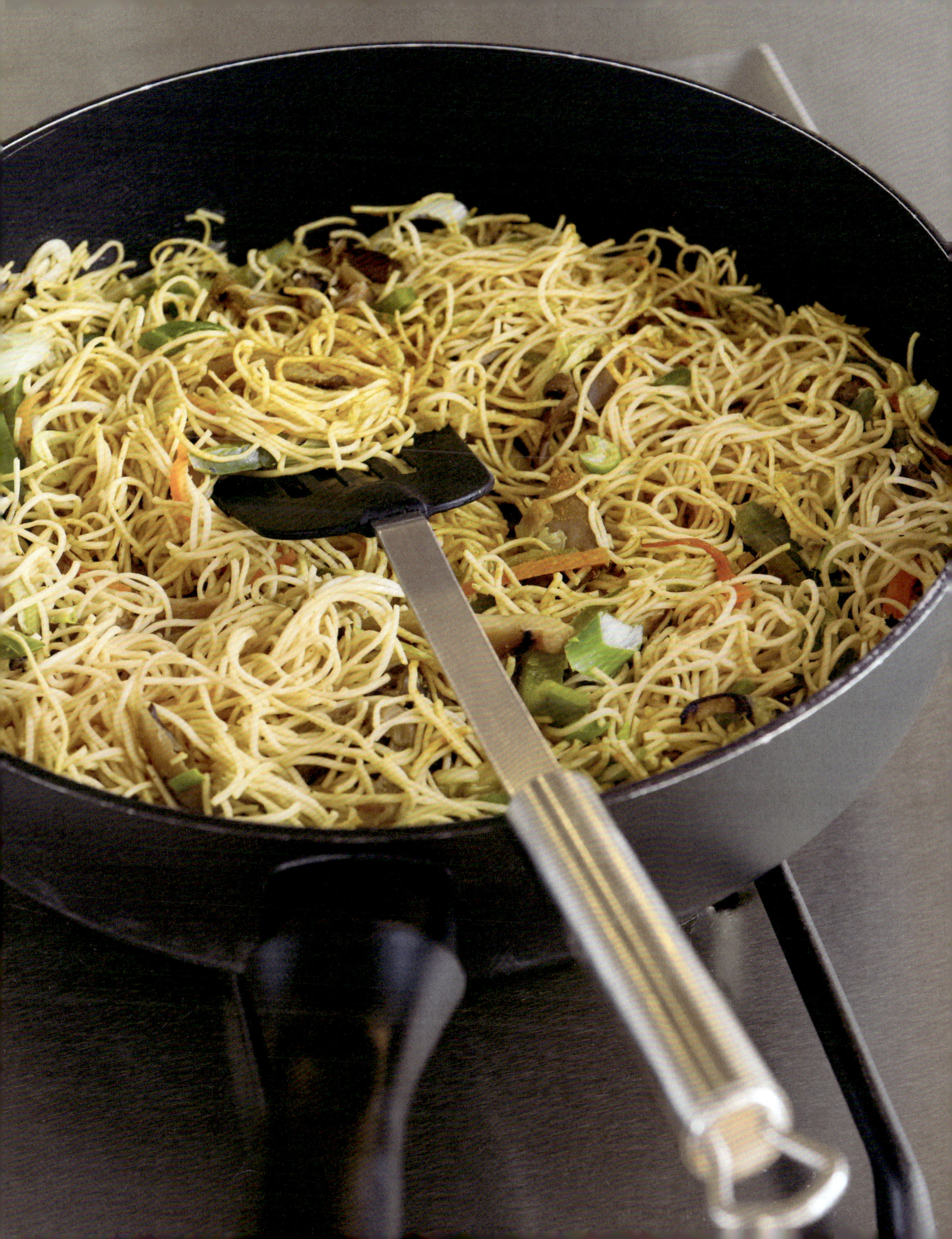

GETREIDE & PASTA

Citrus Noodles
mit Szechuanpfeffer

4 Portionen

320 g dünne Bandnudeln
1 rote Peperoni
1 grüne Peperoni
250 g Frühlingszwiebeln
1 Zucchetti
3 EL Sonnenblumenöl HO (High Oleic)
1 Knoblauchzehe
1 Zitrone, Zesten
1 Orange, Zesten
1 TL Sambal Oelek
250 g Erdnussbutter
1 EL Sesamöl
1½ EL Rohzucker
1 TL Szechuanpfeffer
3 dl Orangensaft, frisch gepresst
1 Zitrone, frisch gepresster Saft
7 dl Gemüsebouillon (siehe S. 140)
Salz, schwarzer Pfeffer aus der Mühle
3 EL Erdnüsse, geröstet
1 EL Zitronenzesten
1 Frühlingszwiebel, Ringe

Die Nudeln in Salzwasser al dente kochen, abgiessen und abtropfen lassen.

Peperoni, Frühlingszwiebel und Zucchetti rüsten und in sehr feine Streifen schneiden. Knoblauch schälen, fein hacken und in 1 EL Öl bei mittlerer Hitze mit den Orangen- und Zitronenzesten sowie Sambal Oelek kurz anziehen, bis es duftet. Die Erdnussbutter dazugeben und leicht schmelzen.

Sesamöl, Zucker und Szechuanpfeffer dazugeben. Mit dem Orangensaft, Zitronensaft und der Bouillon ablöschen. Die Sauce 15 Minuten reduzieren, bis sie bindet, dann mit dem Stabmixer mixen.

Das restliche Öl in einer separaten Pfanne erhitzen, Gemüsestreifen dazugeben und rührbraten, bis das Gemüse knapp weich ist. Die Nudeln untermischen und heiss werden lassen. Die Sauce dazugeben, alles gut mischen und mit Salz und Pfeffer abschmecken.

Mit gerösteten Erdnüssen, Zitronenzesten und Frühlingszwiebel-Ringen bestreut servieren.

TIPP Wir servieren dazu Orangen-Pickles.

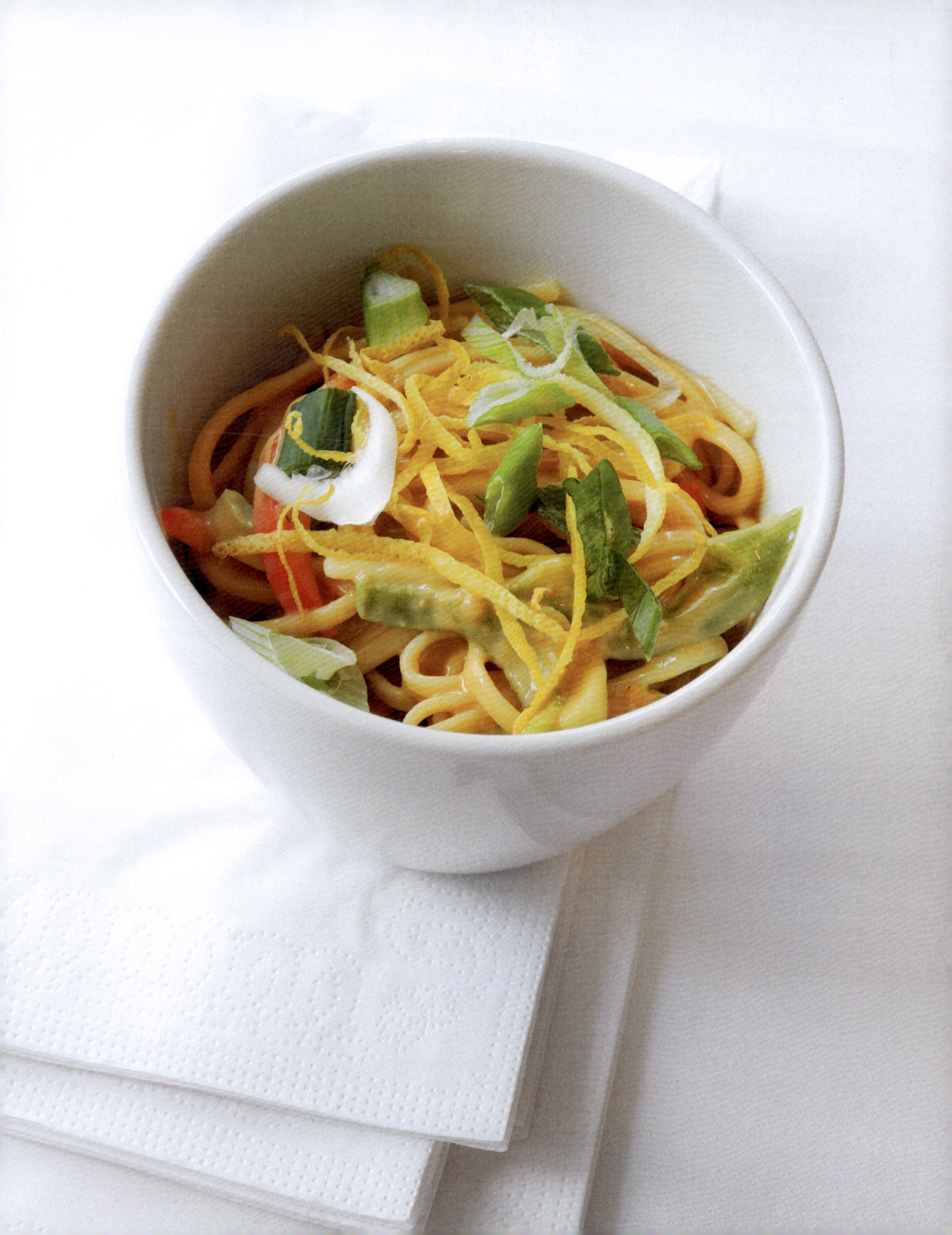

GETREIDE & PASTA

Sam Tam Ba Mee
aus den Strassenküchen Thailands

4 Portionen

280 g Reis-Vermicelli
300 g Stangensellerie
200 g Weisskohl
100 g Mungbohnensprossen
1 walnussgrosses Stück frische Ingwerwurzel
1 Papaya
250 g Austernseitlinge
3 EL Sonnenblumenöl HO (High Oleic)
1 Zwiebel
1½ dl Sojasauce Tamari
1½ dl Zitronensaft, frisch gepresst
4 EL Sweet-Chili-Sauce
Salz, schwarzer Pfeffer aus der Mühle
2 Frühlingszwiebeln, Ringe
1 Bund Koriander, fein gehackt
1 Bund Thai-Basilikum, fein gehackt

Die Reis-Vermicelli in eine Schüssel geben und mit kochendem Wasser übergiessen, 5 Minuten stehen lassen, abgiessen.

Den Stangensellerie waschen und schräg in Scheiben schneiden. Den Kohl halbieren, Strunk entfernen, in feine Streifen schneiden. Mungbohnensprossen waschen und Ingwer fein hacken. Die Papaya schälen, rüsten und in sehr feine Streifen schneiden. Die Austernseitlinge in feine Streifen teilen, Zwiebel schälen und in Ringe schneiden.

1 EL Öl in einer Bratpfanne erhitzen und die Pilze sehr gut braten, auf Haushaltpapier entfetten.

Das restliche Öl im Wok erhitzen, die Zwiebelringe hinzufügen, anziehen. Stangensellerie, Kohl, Mungbohnensprossen und Ingwer dazugeben, gut rührbraten, bis alles fein duftet.

Sojasauce, Zitronensaft und Sweet-Chili-Sauce dazugeben, alles gut mischen. Die Papayastreifen zusammen mit den Nudeln und den Pilzen beigeben, mischen und nochmals erhitzen. Mit Salz und Pfeffer abschmecken.

Frühlingszwiebel-Ringe, Koriander und Basilikum als Garnitur über das fertige Gericht streuen.

TIPP Ingwer enthält viele wertvolle sekundäre Pflanzenstoffe und Spurenelemente und kann vielseitig in der Küche verwendet werden.

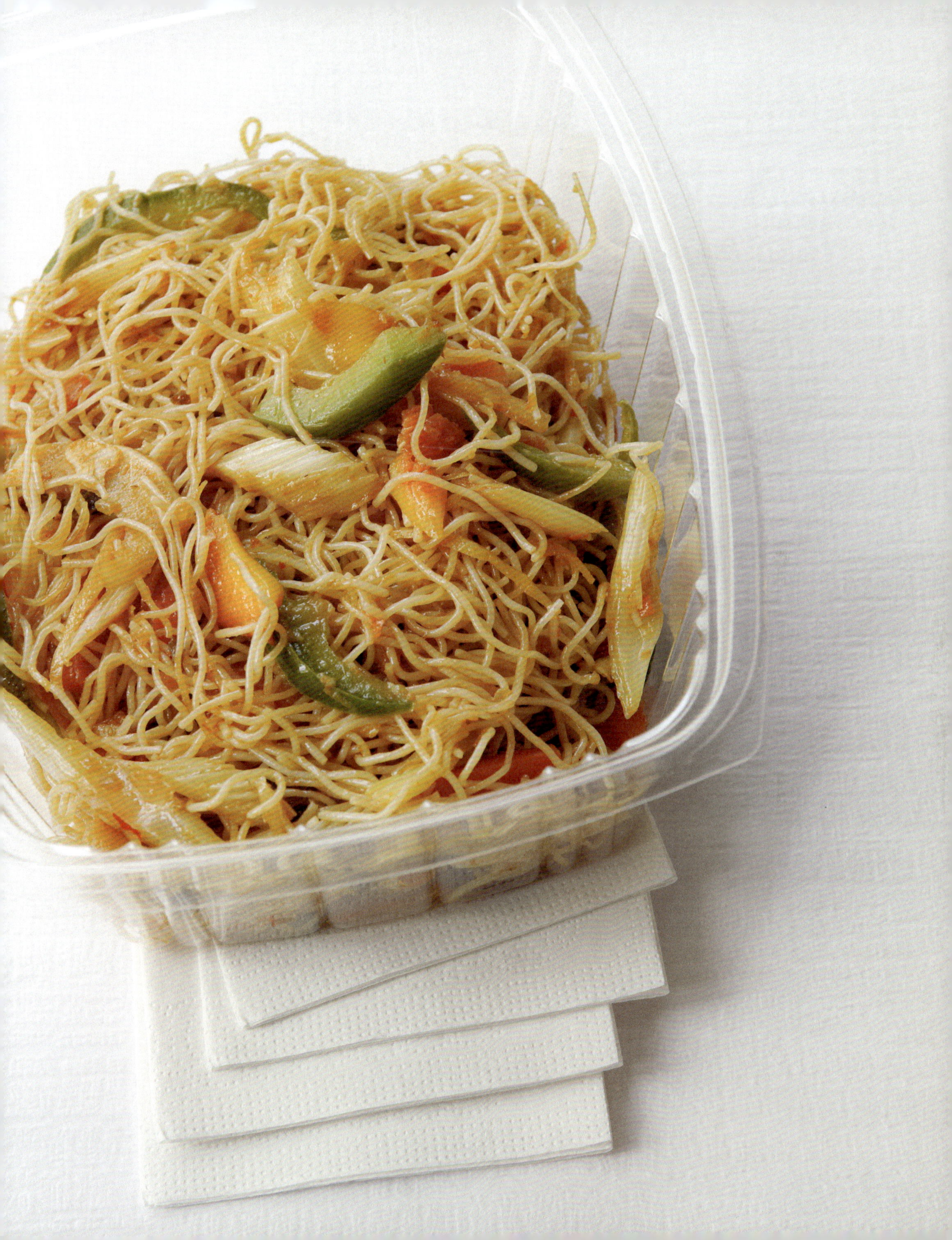

GETREIDE & PASTA

Gemüse-Paella

unser Sommerklassiker

4 Portionen

150 g Blumenkohl
½ rote Peperoni
100 g Champignons
140 g Artischockenböden
100 g grüne Bohnen
100 g grüne Erbsen

Garnitur
1 Aubergine
Salz

4 EL Olivenöl
½ Zwiebel, gehackt
½ TL Paprika, edelsüss
½ TL Safran, gemahlen
200 g Langkornreis, parboiled
100 g gehackte Tomaten (Dose)
4 dl Gemüsebouillon (siehe S. 140)
8 Pimentos
Salz, schwarzer Pfeffer aus der Mühle
1 Zitrone, Schnitze

Den Blumenkohl in kleine Röschen teilen. Die Peperoni entkernen, in 2 cm grosse Würfel schneiden. Champignons in feine Scheiben schneiden. Artischockenböden in Viertel oder Sechstel schneiden. Die Bohnen und Erbsen knapp weich blanchieren und in Eiswasser abkühlen.

Die Aubergine in 5 mm dicke Scheiben schneiden, leicht salzen, 30 Minuten stehen lassen und mit Haushaltpapier trocken tupfen.

2 EL Öl erhitzen, die gehackte Zwiebel darin glasig dünsten, Hitze reduzieren. Die Blumenkohlröschen und die Artischocken beigeben und andünsten. Mit Paprika und gemahlenem Safran bestäuben, den Reis zugeben und mit anschwitzen, bis er glasig wird.

Die gehackten Tomaten dazugeben und mit Bouillon ablöschen. Den Reis unter ständigem Rühren weich kochen. Kurz vor Ende der Garzeit die Champignonscheiben und die Peperoniwürfel dazugeben.

Die Auberginenscheiben im restlichen heissen Öl goldbraun anbraten und auf Papier entfetten. Mit den Pimentos ebenso verfahren.

Wenn der Paella-Reis gar ist, die blanchierten Bohnen und Erbsen daruntermischen und mit Salz und Pfeffer abschmecken. Auf Teller anrichten und mit den Auberginenscheiben, Pimentos und Zitronenschnitzen garnieren.

TIPP Die Paella sieht mit Zwiebelringen als Dekoration besonders originalgetreu aus. Hierzu können feine Zwiebelringe im Bierteig ausgebacken werden.

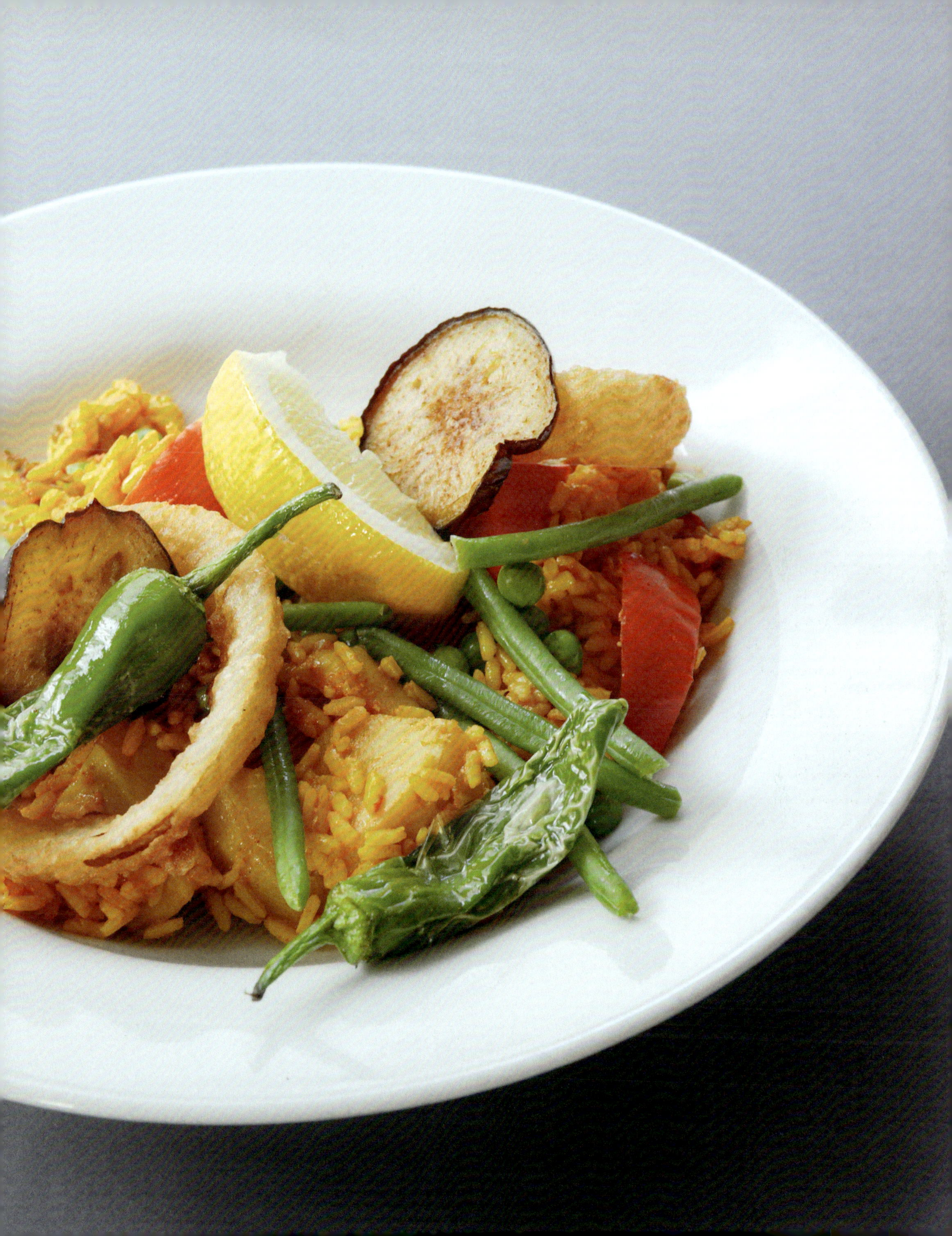

Kürbis-Honig-Risotto
für Regenwetter

4 Portionen

300 g Kürbis, gerüstet
2 Zweige Rosmarin
4 EL Olivenöl
1 Zwiebel
1 Knoblauchzehe
500 g Risottoreis (Vialone)
1 Lorbeerblatt
1½ dl Weisswein
8 dl Gemüsebouillon (siehe S. 140)
1–2 EL Honig
20 g Kürbiskerne, geröstet
2 EL Mascarpone
15 g Hartkäse, gerieben
½ dl Weisswein
Salz, schwarzer Pfeffer aus der Mühle
Spitzen von Rosmarinzweigen

Den Kürbis in kleine Würfel schneiden (1,5 cm), Rosmarin fein hacken. Die Kürbiswürfel in 2 EL Öl in einer beschichteten Pfanne anbraten, mit Salz und Pfeffer abschmecken, Rosmarin dazugeben, auf die Seite stellen.

Zwiebel und Knoblauch schälen, fein hacken und im restlichen Öl andünsten. Risottoreis und Lorbeerblatt beigeben und den Reis glasig dünsten.

Mit 1½ dl Weisswein und der Hälfte der Bouillon ablöschen. Die Flüssigkeit sollte ca. 2 cm über dem Reis stehen, evtl. muss noch etwas Wasser zugegeben werden. Unter ständigem Rühren 45 Minuten weich kochen, während des Kochens immer wieder Bouillon beigeben.

Den Honig, die Kürbiskerne und die Kürbiswürfel zum Risotto geben, fertig garen.

Mascarpone und Hartkäse darunterheben, den restlichen Weisswein dazugeben. Wenn der Reis ganz fertig ist, mit Salz und Pfeffer abschmecken, anrichten und mit den Rosmarinspitzen garnieren.

TIPP Als Weisswein zum Kochen und später zum Essen empfehlen wir Sauvignon blanc.

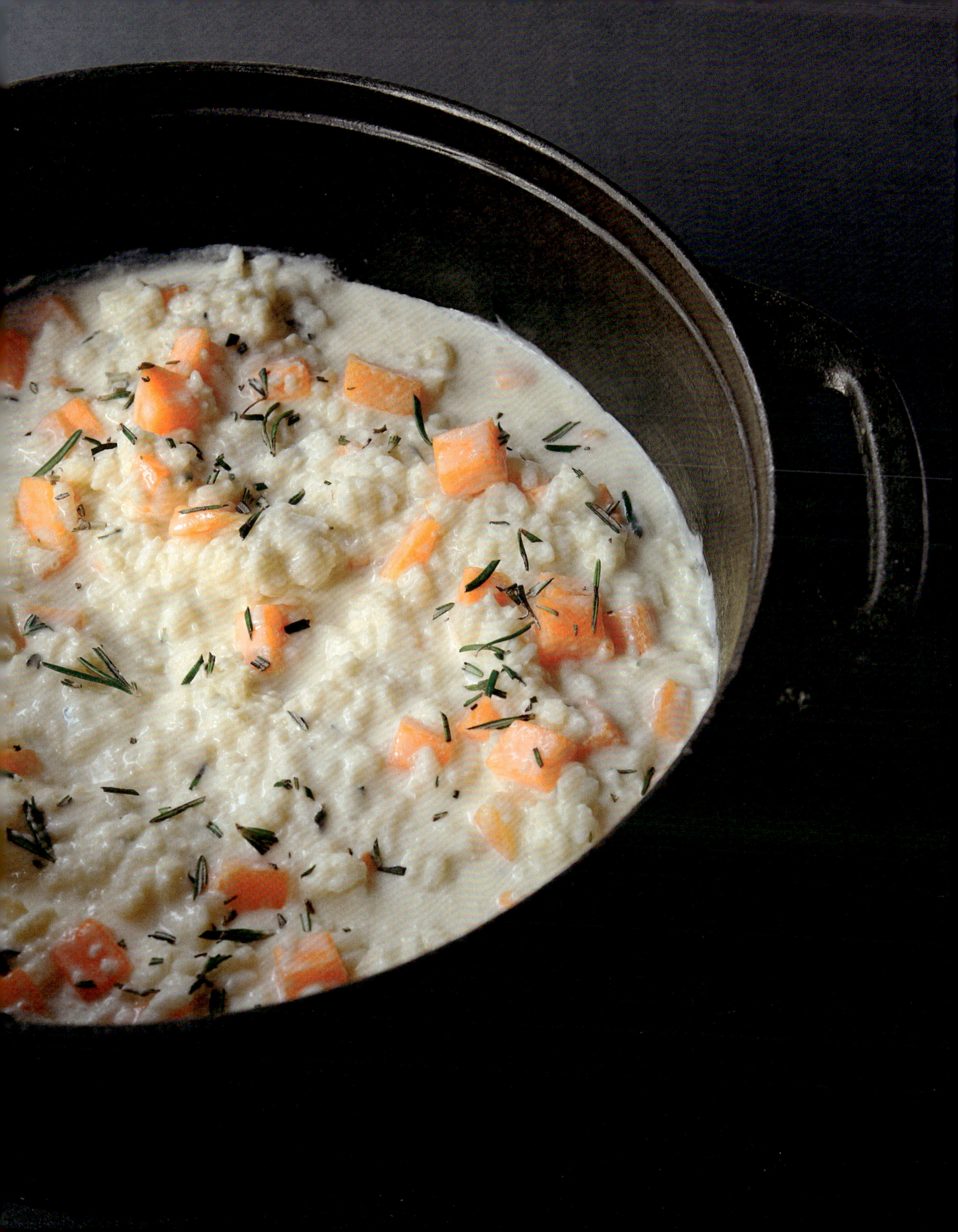

GETREIDE & PASTA

Dill-Reis mit Linsen
und Pinienkernen

4 Portionen

320 g Basmatireis
1 Lorbeerblatt
1 TL Salz
6 dl Wasser
50 g braune Linsen
1 Bund Dill
1 EL Rapsöl, kaltgepresst
50 g Pinienkerne, geröstet

Den Reis in ein Sieb geben, mit kaltem Wasser abspülen. Reis in eine Pfanne geben, Lorbeerblatt, Salz und Wasser beifügen, aufkochen. Kochen lassen, bis sich auf der Oberfläche kleine Krater bilden. Zudecken und auf der ausgeschalteten Herdplatte 20 Minuten quellen lassen.

Die Linsen verlesen, abspülen und separat mit gesalzenem Wasser bedeckt knapp weich kochen, abgiessen.

Das Lorbeerblatt aus dem Reis entfernen, Dill hacken und mit den gekochten Linsen und dem Öl beigeben, mit einer Gabel mischen. Anrichten und mit den Pinienkernen bestreuen.

TIPP Als Beilage zu Vanille-Karotten (siehe S. 66) servieren.

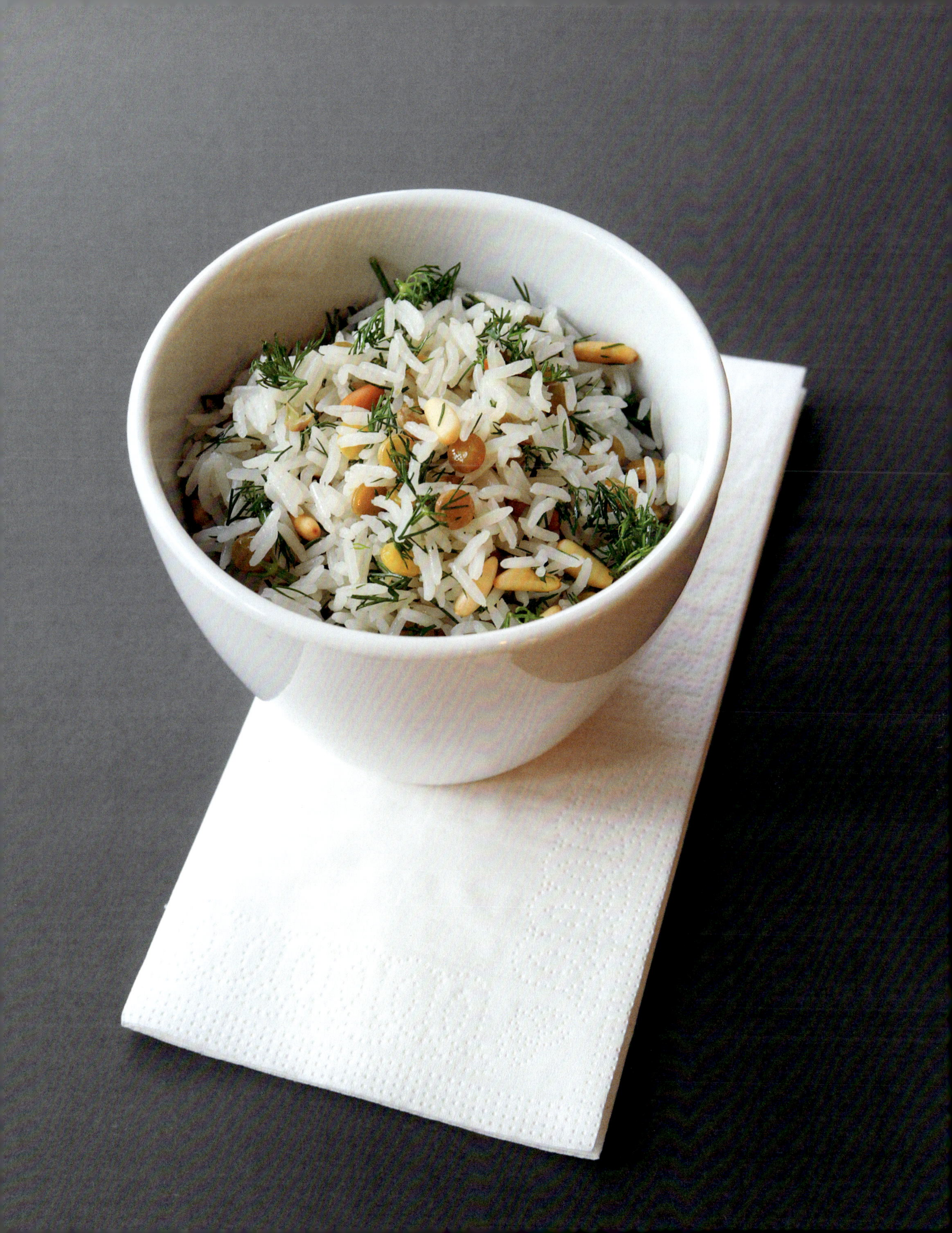

GETREIDE & PASTA

Berberitzen-Pilaf
persisches Originalrezept

4 Portionen

320 g Basmatireis
6 dl Wasser
knapp 1 EL Salz
3 EL Olivenöl
1 Zwiebel, gehackt
¼ TL Kardamom, gemahlen
20 g Berberitzen
4 EL Rohzucker
4 EL Pistazien
½ TL Safran, gemahlen
4 EL heisses Wasser
1 EL Rosenwasser

Den Basmatireis in ein Sieb geben, mit kaltem Wasser abspülen. Wasser und Reis zusammen mit Salz und 2 EL Öl aufkochen. Zudecken und bei kleiner Hitze 15 Minuten quellen lassen, dabei zweimal mit einer Gabel umrühren.

Das restliche Öl erhitzen, die Zwiebeln darin glasig dünsten, den Kardamom dazugeben und umrühren. Die Hitze reduzieren, die Berberitzen und den Zucker beigeben und kurz weiter braten. Dabei aufpassen, dass die Berberitzen nicht verbrennen. Die Pistazien dazugeben und alles gut mischen.

Die Berberitzenmischung zum gekochten Reis geben und gut mischen. Den Safran mit dem heissen Wasser anrühren und mit dem Rosenwasser über den Reis verteilen. Weitere 10 Minuten auf der heissen, ausgeschalteten Herdplatte quellen lassen.

TIPP Berberitzen sind die Beeren des Sauerdorns. Sie haben einen sehr hohen Vitamin-C-Gehalt und schmecken säuerlich. Im Handel gibt es getrocknete Berberitzen, sie finden in der persischen und chinesischen Küche Verwendung.

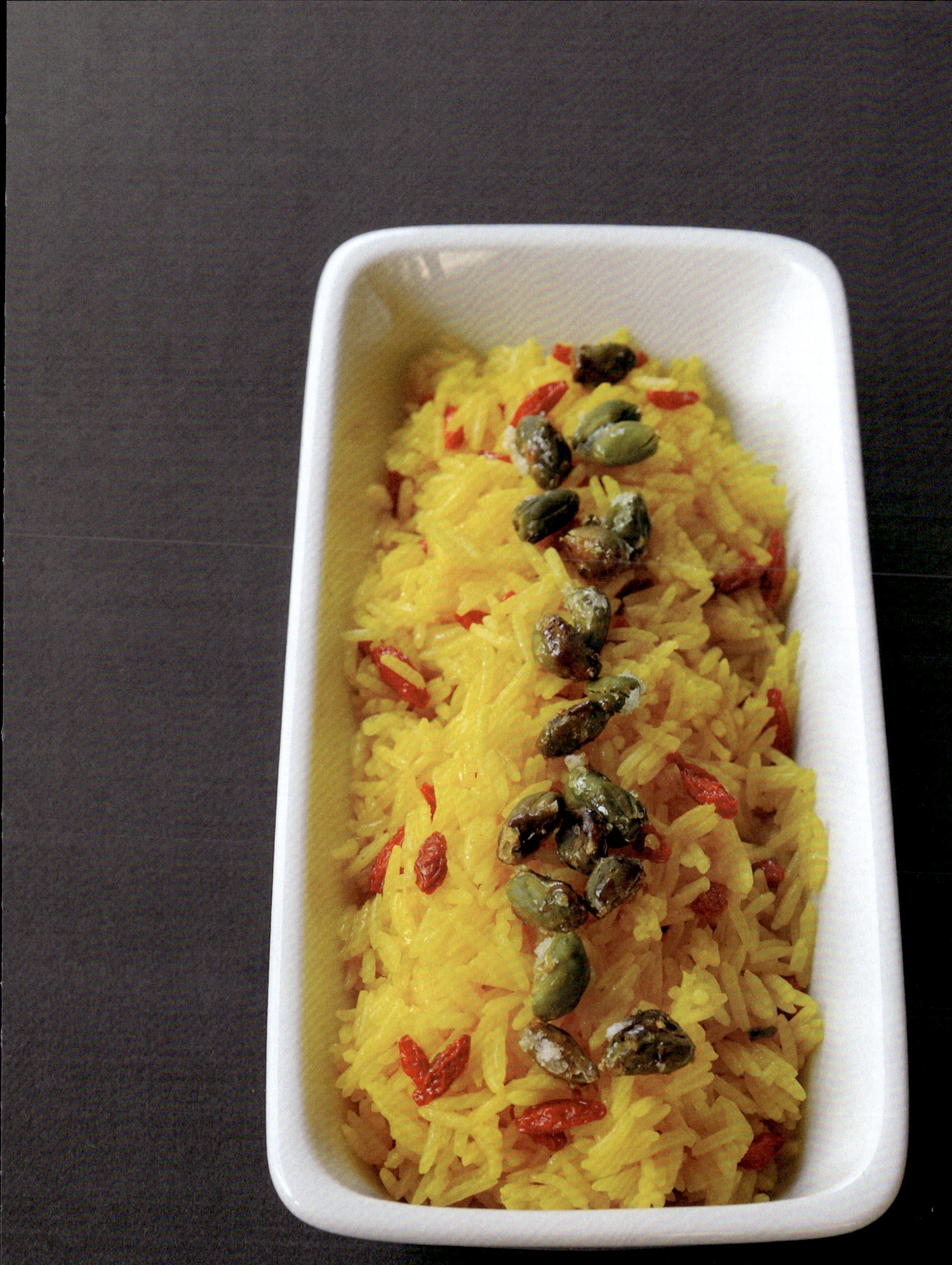

Kaiserknödel

Original-Rezept aus Österreich

4 Portionen

1 Zwiebel
½ Bund Schnittlauch
1 Stängel Liebstöckel
2 Zweige Majoran
25 g Butter
75 g Butter, weich
1 TL Salz
¼ TL schwarzer Pfeffer aus der Mühle
1 Prise Muskatnuss, gerieben
280 g Paniermehl
6 Eier
2 l Gemüsebouillon (siehe S. 140)

Zwiebel schälen und mit den Kräutern fein hacken. 25 g Butter erhitzen und die Zwiebeln glasig dünsten, vom Herd ziehen, sehr gut auskühlen lassen.

Die restliche Butter dazugeben und mit dem Handmixer schaumig rühren, bis die Masse weiss ist. Salz, Gewürze und die gehackten Kräuter beigeben und verrühren.

Das Paniermehl und die Eier eins nach dem anderen dazugeben und zu einem glatten Teig vermischen. Wichtig: Nur kurz mischen, sonst werden die Knödel hart. Über Nacht zugedeckt im Kühlschrank ruhen lassen.

Die Bouillon aufkochen, aus dem Teig ca. 50 g schwere Knödel formen und in die heisse Bouillon gleiten lassen. Bis vors Kochen bringen und zugedeckt ca. 30 Minuten ziehen lassen (pochieren).

Die fertigen Knödel mit einer Schaumkelle herausheben und anrichten.

TIPP Mit Eierschwämmli (siehe S. 62) servieren.

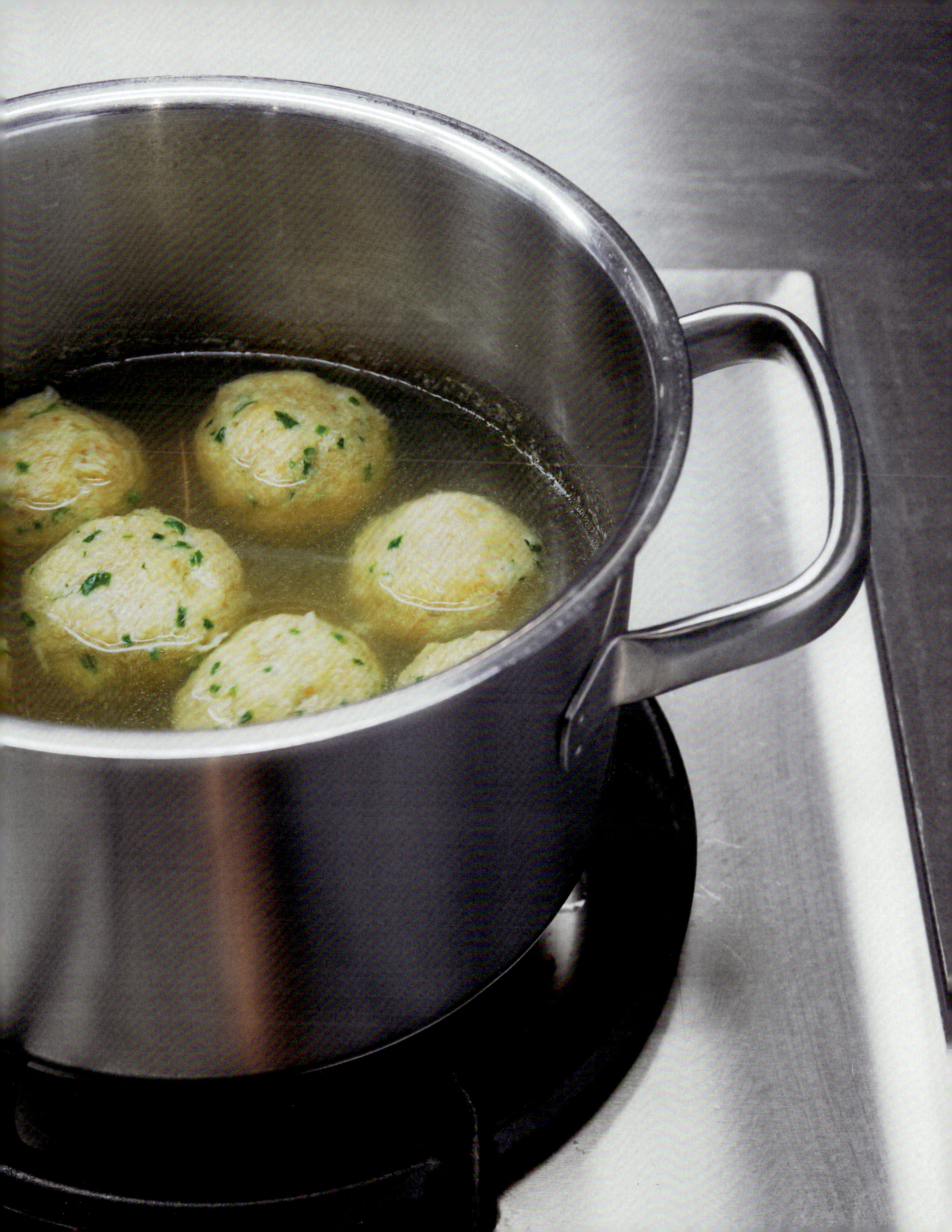

GETREIDE & PASTA

Linsenterrine
mit Trüffel

4 Portionen

90 g rote Linsen
60 g Beluga-Linsen
50 g Gemüse (Knollensellerie, Karotte, Lauch)
½ Schalotte
1,2 dl Rahm
2 g Agar-Agar
1 kleines Stück frischer Meerrettich
2 EL Trüffelöl
1 TL Paprika, edelsüss
1 – 2 Tropfen Tabasco
Salz, schwarzer Pfeffer aus der Mühle
2 EL Schlagrahm
1 walnussgrosser schwarzer Trüffel

Die beiden Linsensorten separat al dente kochen, abtropfen lassen. Sellerie, Karotte und Schalotte schälen, mit dem Lauch in sehr kleine Gemüsewürfel hacken und mit den gekochten Linsen in einer Schüssel gut vermischen.

Agar-Agar mit dem Rahm verrühren, aufkochen und 3 Minuten unter Rühren köcheln lassen. Dann zu den noch warmen Linsen geben und alles gut vermischen.

Meerrettich fein reiben, Trüffelöl und Paprika beigeben, gut mischen und mit Tabasco, Salz und Pfeffer abschmecken. Schlagrahm unterheben.

Eine Terrinenform (25 × 6 cm) mit Plastikfolie möglichst glatt auslegen, die Linsenmasse einfüllen, gut andrücken und mit Folie bedeckt 2 Stunden kalt stellen.

Die Terrine auf ein Brett stürzen, Folie entfernen und mit einem heiss abgespülten Messer in 2 cm dicke Scheiben schneiden. Nach dem Anrichten den Trüffel darüberhobeln. Mit einem Salatbouquet servieren.

TIPP Agar-Agar ist ein pflanzliches Bindemittel aus Rotalgen, welches in der vegetarischen Küche anstelle von Gelatine verwendet wird. Nicht alle auf dem Markt erhältlichen Agar-Agar-Produkte haben die gleiche Bindefähigkeit. Wer es fruchtig mag, serviert die Terrine mit der Cranberry-Apfel-Sauce (siehe S. 132). Für die fruchtige Variante Trüffelöl und Trüffel weglassen, die Sauce überdeckt den charakteristischen Trüffelgeschmack.

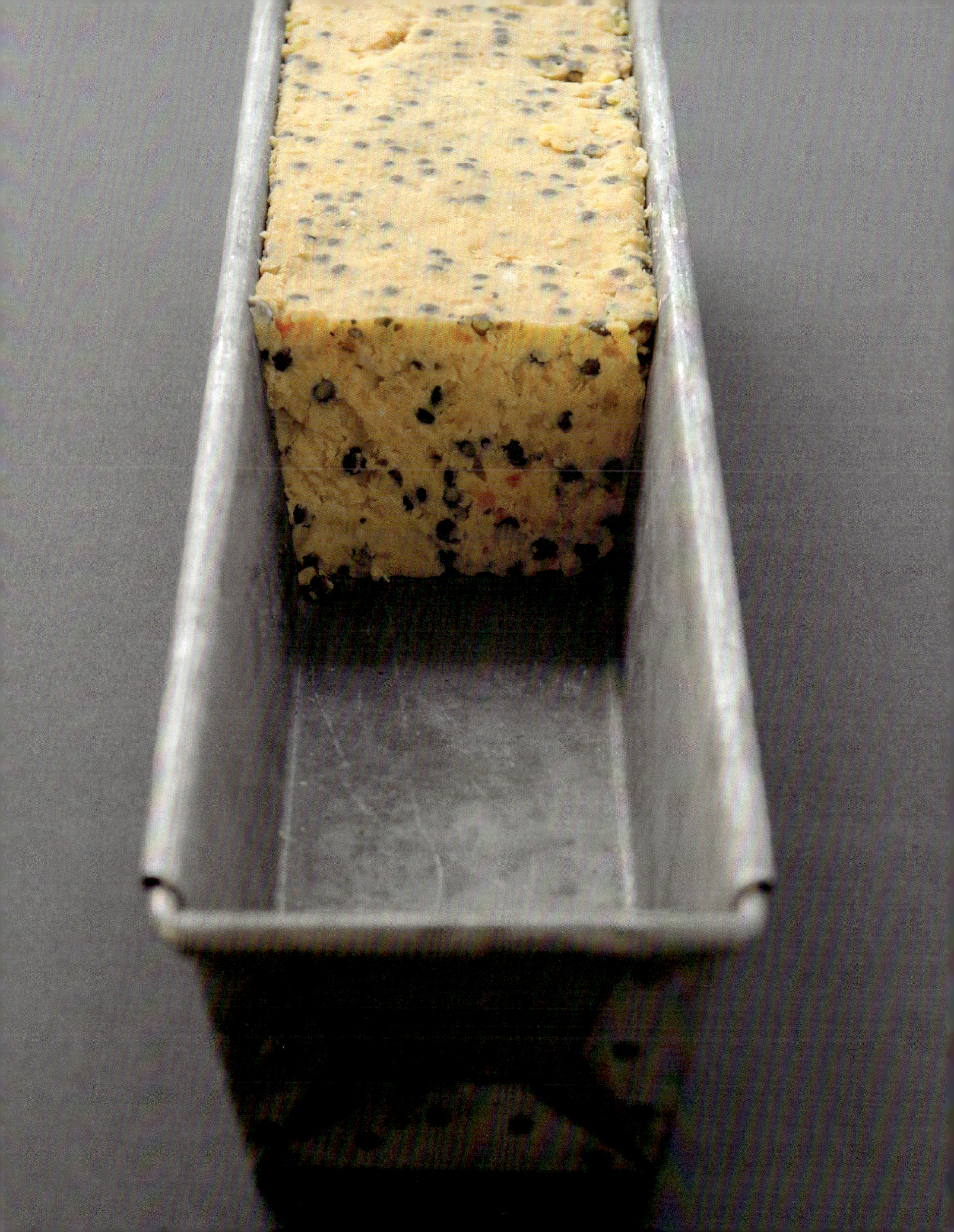

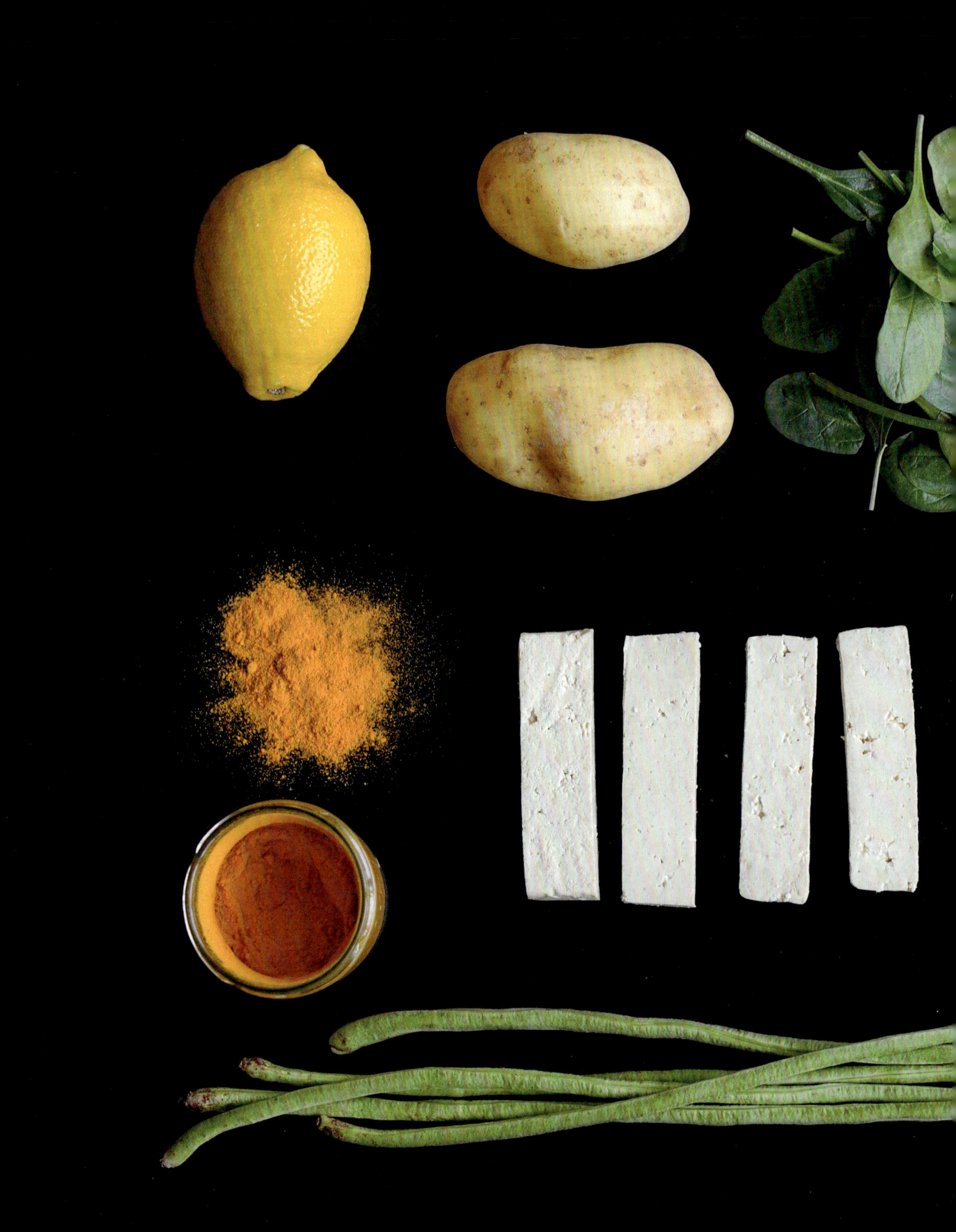

Tofu & Co.

TOFU & CO.

Tofu Mirsang
aus Mangalore in Südindien

4 Portionen

600 g Tofu

Marinade
1 Zitrone, frisch gepresster Saft
2 Knoblauchzehen
1 walnussgrosses Stück frische Ingwerwurzel
1 TL Kurkuma
2 Prisen Cayennepfeffer
1 TL Koriander, gemahlen
1 TL Kreuzkümmel, gemahlen
½ TL weisser Pfeffer, gemahlen
1 TL Salz
1 dl Sojasauce Tamari

1 rote Peperoni
1 Zwiebel
1 Kartoffel
4 EL Sonnenblumenöl HO (High Oleic)
2 Prisen Kardamom, gemahlen
2 Prisen Nelken, gemahlen
1 EL Paprika, edelsüss
1 TL Fenchelsamen, gemörsert
1 EL Methi Leaves (Bockshornkleeblätter)
1 l Gemüsebouillon (siehe S. 140)
300 g vegane Saucencreme
400 g Blattspinat, gewaschen
Salz, schwarzer Pfeffer aus der Mühle

Den Tofu in 2 cm grosse Würfel schneiden. Knoblauch und Ingwer schälen und fein reiben. Alle Zutaten für die Marinade mischen, Tofu mindestens 30 Minuten marinieren (am besten über Nacht).

Die Peperoni entkernen und in Würfel schneiden. Zwiebel und Kartoffel schälen und grob würfeln. 2 EL Öl erhitzen, die Zwiebeln und die Peperoniwürfel anziehen, bis die Zwiebeln glasig sind. Die Gewürze dazugeben, kurz mit anziehen, mit der Bouillon ablöschen.

Die Kartoffelwürfel beifügen und 30–45 Minuten leicht kochen lassen, mit dem Stabmixer pürieren.

Die Tofuwürfel mit einer Schaumkelle aus der Marinade nehmen, so gut wie möglich abtropfen lassen. Die Marinade zur Peperonisauce geben.

Das restliche Öl in einer Bratpfanne erhitzen und den Tofu rundum goldbraun braten. Mit der Saucencreme zur Sauce geben und erhitzen.

Den Blattspinat dazugeben, warm werden lassen. Mit Salz und Pfeffer abschmecken.

TIPP Wer gerne scharf isst, kann statt Cayennepfeffer gehackte, rote Chilis verwenden. Mit Basmatireis und Kokos-Chutney anrichten (Rezepte «Hiltl. Vegetarisch nach Lust und Laune»).

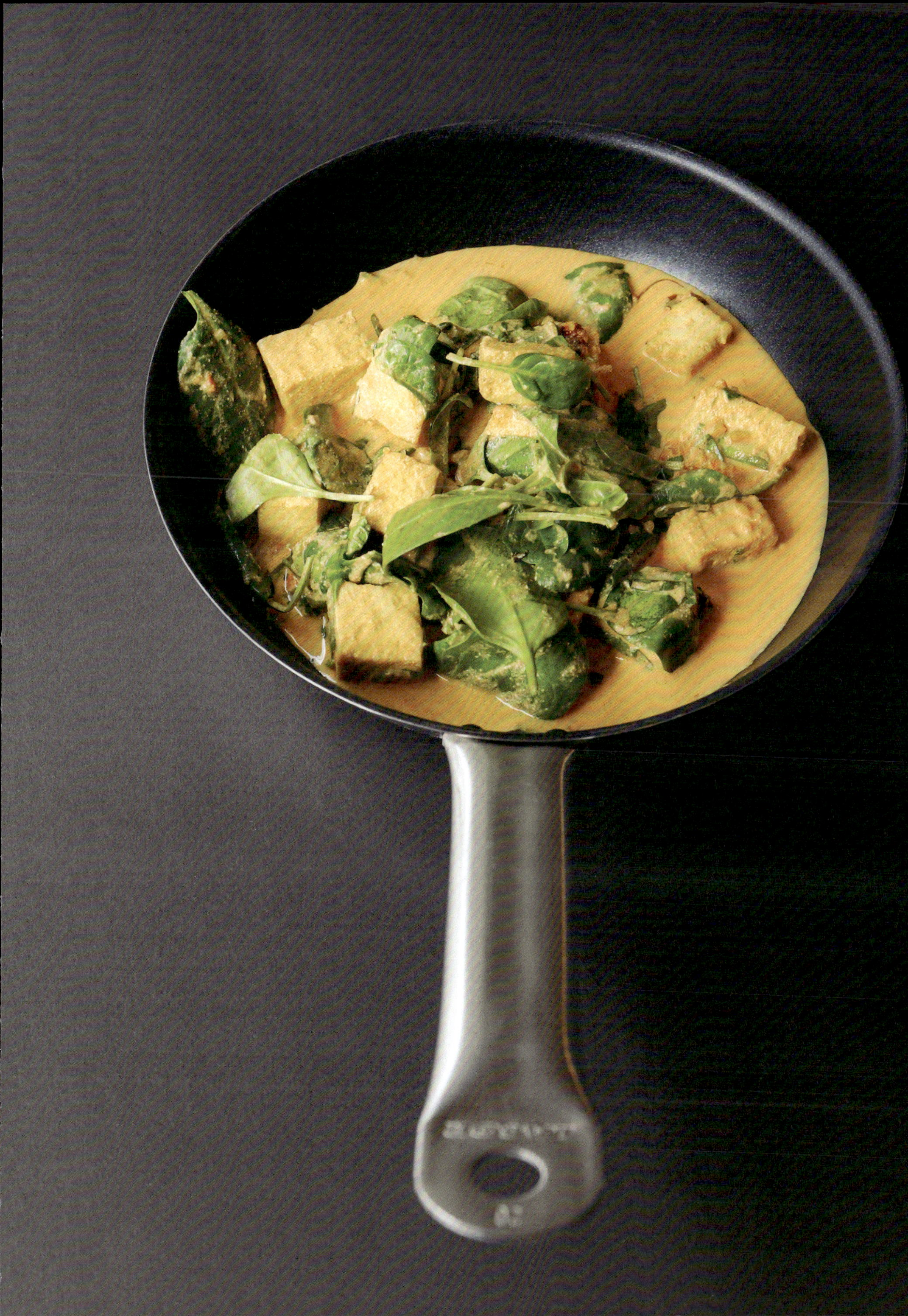

TOFU & CO.

Kung Pao
aus dem Wok

4 Portionen

10 g getrocknete Mu-Err-Pilze
500 g Quorn
2 EL Reismehl oder Maizena
180 g Long Beans
1 Peperoni

Sauce
1 dl Sojasauce Tamari
½ dl Reiswein
0,7 dl Wasser
80 g Rohzucker
2 Limetten, frisch gepresster Saft
3 Prisen Cayennepfeffer

3 EL Sonnenblumenöl HO (High Oleic)
Salz, schwarzer Pfeffer aus der Mühle
wenig Mungbohnensprossen

Die Mu-Err-Pilze in lauwarmem Wasser einweichen. Die Quornschnitzel schräg in 1 cm dicke Scheiben schneiden und mit Reismehl oder Maizena mischen. Die Long Beans in 6 cm lange Stücke schneiden, die entkernte Peperoni und die eingeweichten Mu-Err-Pilze in sehr feine Streifen schneiden.

Alle Zutaten für die Sauce gut miteinander verrühren.

Das Öl im Wok erhitzen, Quorn rundum goldbraun anbraten. Gemüse und Pilze dazugeben, kurz mitbraten, mit der Sauce ablöschen. Alles erhitzen und abschmecken, anrichten.

Die Mungbohnensprossen abspülen und als Garnitur über das Gericht streuen. Dazu passt Jasminreis.

TIPP Mu-Err-Pilze sind auch unter dem Namen Judasohr- oder Wolkenohrpilz im Detailhandel erhältlich. Kung Pao schmeckt auch mit Tofu oder Seitan. Dazu den Tofu oder Seitan mit der Sauce über Nacht marinieren. Sauce abstreifen, das Gericht wie im Rezept beschrieben zubereiten und die Sauce wieder beigeben.

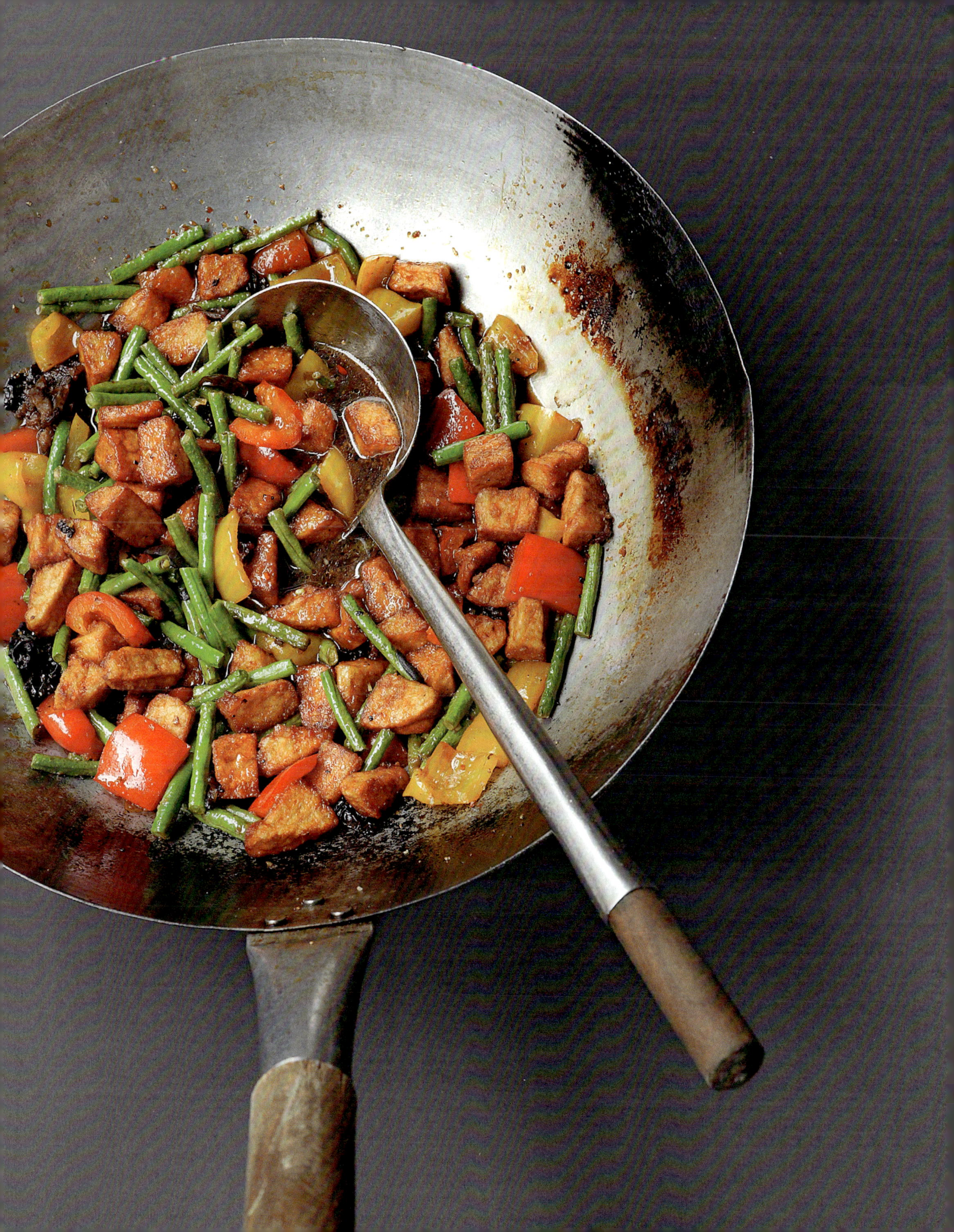

TOFU & CO.

Westindisches Vindaloo
nach einem Rezept aus Goa

4 Portionen

350 g Kartoffeln
250 g Quorn
200 g Ananas, gerüstet
2 Tomaten
4 EL Sonnenblumenöl HO (High Oleic)
1 Zimtstange
2 Nelken, ganz
1 EL Kreuzkümmelsamen
3 Zwiebeln, Ringe
3 grüne Chilis, gehackt
2 walnussgrosse Stücke frische Ingwerwurzel, gehackt
1 EL Tomatenpüree
4 EL Paprika, edelsüss
1 TL Cayennepfeffer
2 Prisen Kurkuma
¾ EL Kreuzkümmel, gemahlen
1 Prise weisser Pfeffer, gemahlen
1 EL Tamarindenpaste
1 EL Senf, mild
2 EL Apfelessig
1 EL Rohzucker
2 TL Salz
5 dl Gemüsebouillon (siehe S. 140)
Salz, schwarzer Pfeffer aus der Mühle

Die Kartoffeln schälen. Kartoffeln, Quorn und Ananas in 2 cm grosse Würfel schneiden, je separat bereitstellen. Die Tomaten in Würfel schneiden.

Die Hälfte des Öls erhitzen, die ganzen Gewürze anziehen, bis es duftet. Zwiebelringe dazugeben und anziehen, bis sie glasig sind. Chilis und Ingwer beifügen und 5 Minuten bei mittlerer Hitze mit anziehen. Die Tomatenwürfel und das Tomatenpüree dazugeben, mischen.

Alle gemahlenen Gewürze, Tamarindenpaste, Senf, Apfelessig, Zucker und Salz dazugeben, mischen, mit der Bouillon ablöschen. Die Sauce 20 Minuten leicht kochen lassen. Die Zimtstange herausnehmen. Die Sauce mit dem Stabmixer pürieren. Die Kartoffeln in die Sauce geben und 30 Minuten knapp weich kochen.

Das restliche Öl in einer Bratpfanne erhitzen und das Quorn rundum goldbraun anbraten.

Vor dem Anrichten die Ananas und das gebratene Quorn zu den Kartoffeln geben, nochmals erwärmen. Mit Salz und Pfeffer abschmecken.

TIPP Goa war von 1510 bis 1961 eine portugiesische Kolonie. Der Name des Gerichts entstand aus «Carne em vinha de alhos», was in Wein und Knoblauch mariniertes Fleisch bedeutet. Andere Quellen führen den Namen auf «vingar» (Essig) und «aloo» (Kartoffeln) zurück. Mit Basmatireis und Dattel-Chutney servieren (Rezept «Hiltl. Vegetarisch nach Lust und Laune»).

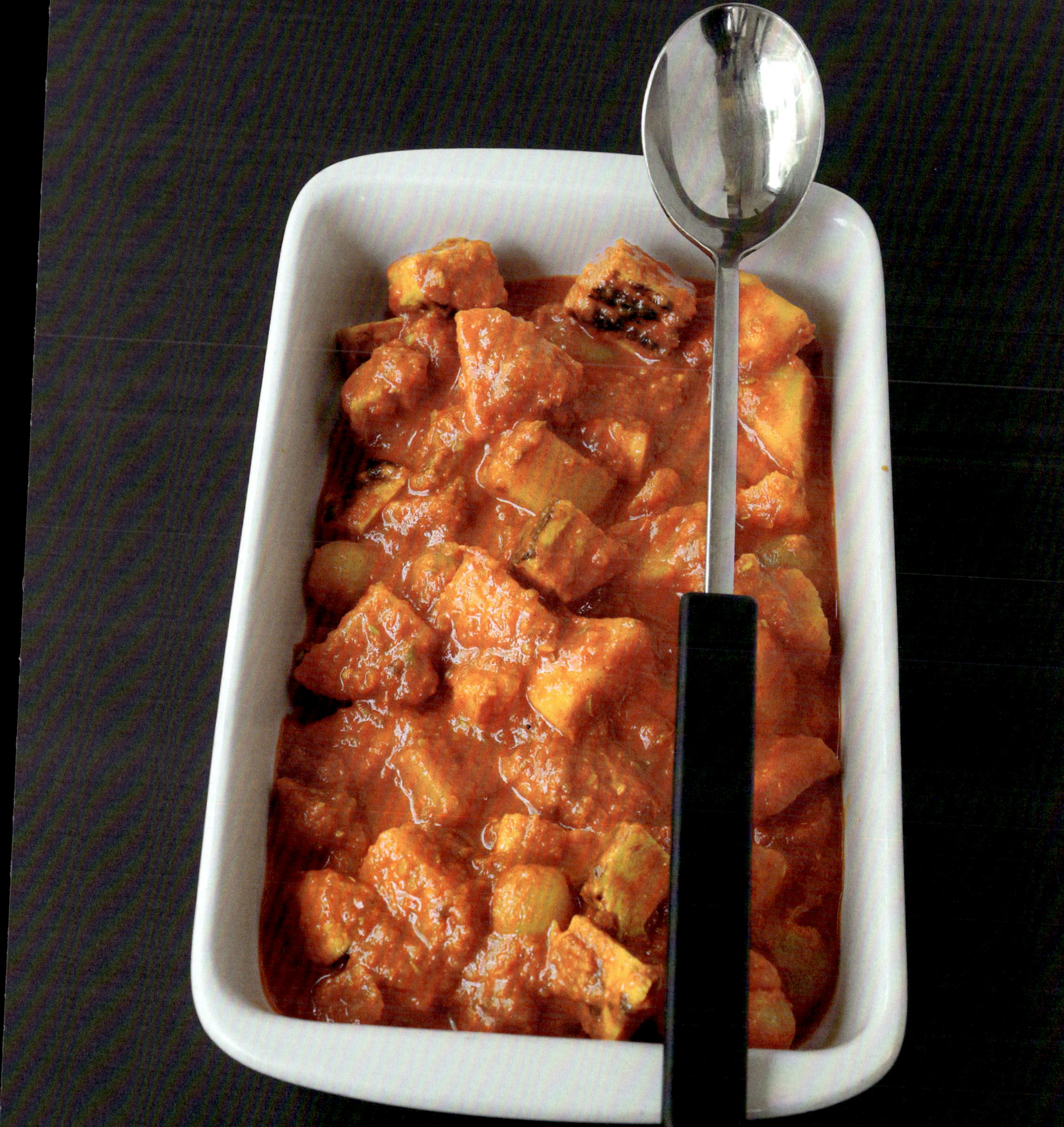

TOFU & CO.

Karhai Paneer
mit Methi Leaves

4 Portionen

- 3 Tomaten
- 350 g Kartoffeln
- 350 g Paneer (indischer Frischkäse)
- 1 Zwiebel
- 2 walnussgrosse Stücke frische Ingwerwurzel
- 1 Bund Koriander
- 2 EL Butter
- 3 EL Tomatenpüree
- 3 TL Kreuzkümmel, gemahlen
- ½ TL Cayennepfeffer
- 1 TL Kurkuma
- 2 TL Koriander, gemahlen
- 1 TL Chana Masala
- ½ TL Asafoetida (Hing)
- 2 Nelken, ganz
- 1 TL Fenchelsamen
- 1 EL Methi Leaves (Bockshornkleeblätter)
- 50 g Cashewkerne
- 2 EL Zitronensaft, frisch gepresst
- 1 dl Rahm
- 1 TL Salz
- 5 dl Gemüsebouillon (siehe S. 140)
- Salz, schwarzer Pfeffer aus der Mühle

Die Tomaten kreuzweise einschneiden, kurz in siedendes Wasser tauchen, herausnehmen und kalt abschrecken. Häuten und in Würfel schneiden.

Ofen auf 200 °C vorheizen. Den Paneer in 2 cm grosse Würfel schneiden und 15 Minuten im Ofen auf Backpapier goldbraun backen. Die Kartoffeln schälen und in 2 cm grosse Würfel schneiden. Die Zwiebel schälen und in Achtel schneiden.

Ingwer und Koriander hacken. Die Butter erhitzen, das Tomatenpüree, die Zwiebeln und den Ingwer gut anziehen. Alle Gewürze, die Hälfte des gehackten Korianders sowie die Tomatenwürfel dazugeben, kurz mit anziehen.

Cashewkerne hacken. Zitronensaft, Rahm, Cashewkerne und das Salz dazugeben, gut umrühren, mit der Bouillon ablöschen. Die Kartoffeln dazugeben und in der Sauce knapp weich kochen.

Den gebackenen Paneer ins fertige Gericht geben und die Sauce abschmecken. Anrichten und mit dem übrigen gehackten Koriander garnieren. Zum Gericht passt Basmatireis.

TIPP Bio-Paneer ist im Hiltl Laden erhältlich. Paneer kann auch selber hergestellt werden, Rezept in «Hiltl. Vegetarisch nach Lust und Laune», «Meat the Green». Chana Masala ist eine fruchtig-milde indische Currymischung.

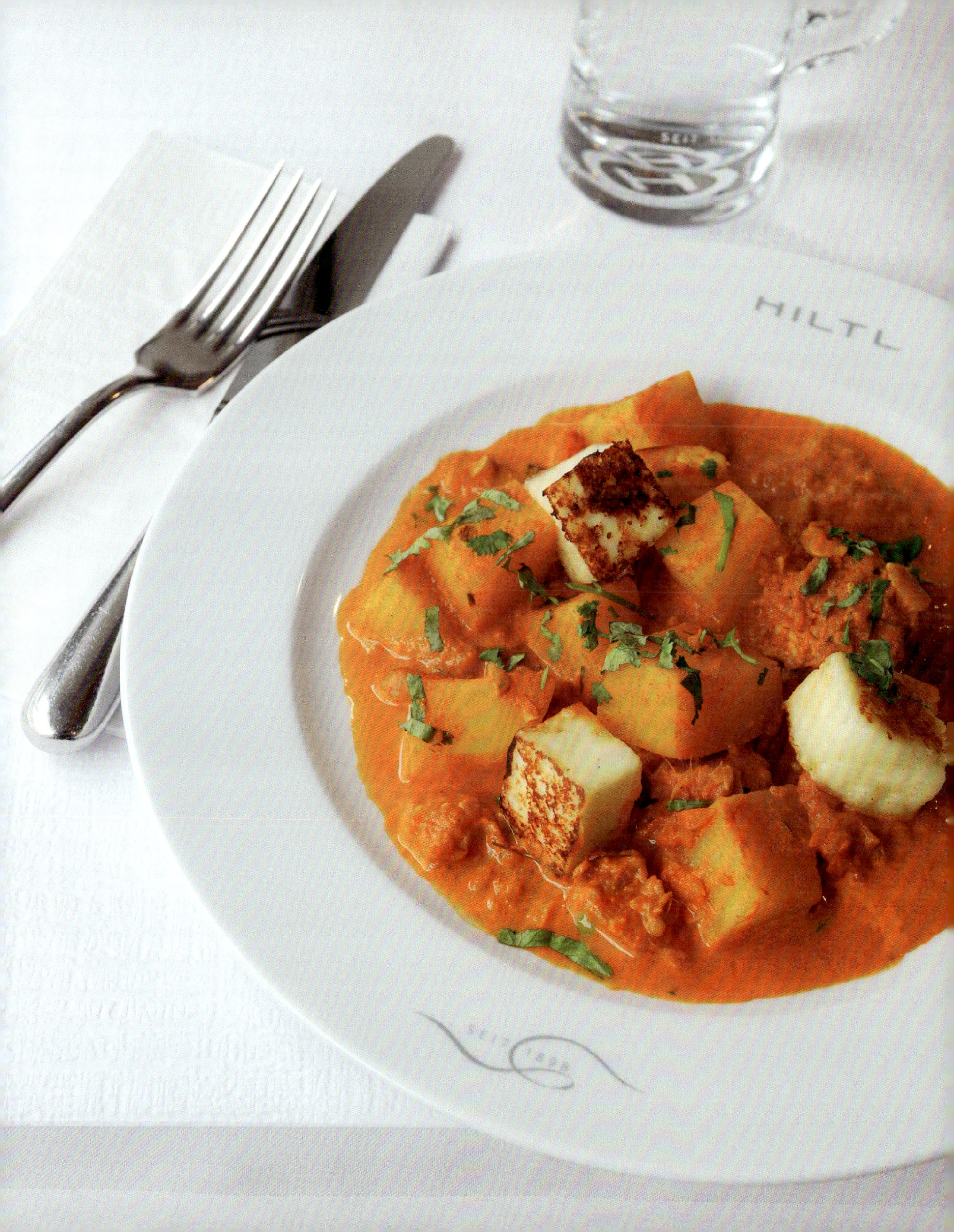
HILTL
SEIT 1898

Grünes Thai-Curry

Gaeng Khiao Wan

4 Portionen

½ Zwiebel

1 walnussgrosses Stück frische Ingwerwurzel

4 EL Sonnenblumenöl HO (High Oleic)

2 Stängel Zitronengras

25 g grüne Thai-Currypaste (siehe S. 128)

½ Limette, Viertel

1 TL Kurkuma

1 TL Salz

1 EL Rohzucker

6 dl Kokosmilch

6 dl Gemüsebouillon (siehe S. 140)

200 g Long Beans

200 g Mini-Maiskolben

200 g Choisum

1 Aubergine

200 g Planted.Chicken

Salz, schwarzer Pfeffer aus der Mühle

½ Bund Koriander

1 Limette, Schnitze

Zwiebel und Ingwer schälen, fein hacken und in 1 EL Öl anziehen. Zitronengras, Currypaste und Limetten-Viertel dazugeben, kurz mit anziehen. Kurkuma, Salz und Zucker dazugeben, umrühren. Kokosmilch und Bouillon zugeben und aufkochen. 30 Minuten einkochen lassen.

Die Long Beans in 3 cm lange Stücke schneiden, 3 Minuten blanchieren, in Eiswasser abkühlen, abtropfen lassen. Mini-Maiskolben schräg halbieren, Choisum längs vierteln.

Aubergine in 1,5 cm grosse Würfel schneiden. Planted auseinanderzupfen. Restliches Öl in einer Bratpfanne erhitzen. Aubergine und Planted darin separat goldbraun anbraten, auf Haushaltspapier entfetten.

Zitronengras und Limetten aus dem Curry nehmen, alles mit dem Stabmixer fein pürieren. Gemüse und Planted zugeben, aufkochen. Koriander fein hacken und darüber streuen. Mit Limettenschnitz garnieren. Dazu passt Jasminreis.

TIPP Choisum, auch chinesischer Blütenkohl genannt, ist in Asia-Läden erhältlich. Planted.Chicken kann durch Tofu oder Quorn ersetzt werden.

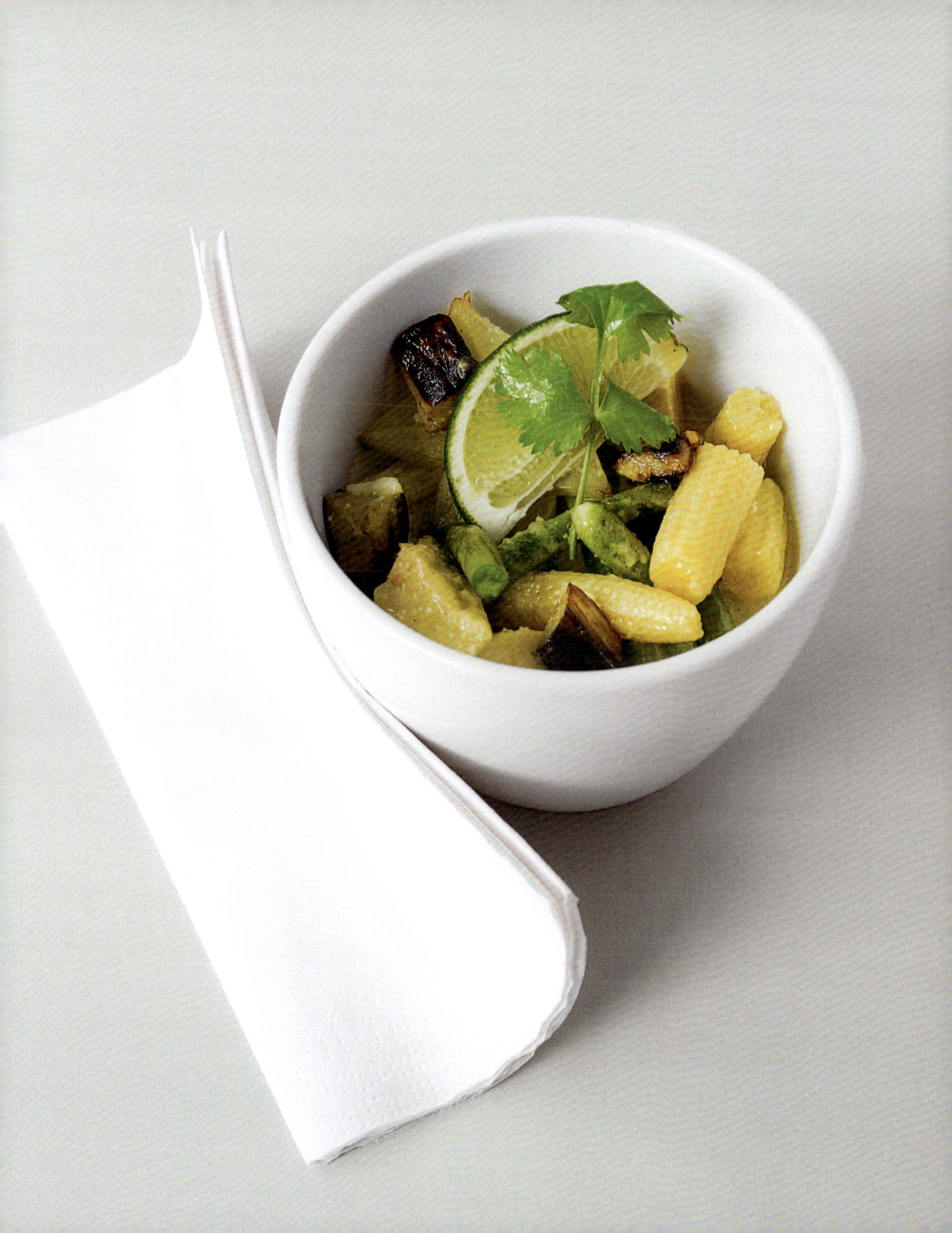

TOFU & CO.

Pisang Paneer

Inspiration von der Kochreise der Hiltl Akademie

4 Portionen

200 g Paneer (indischer Frischkäse)
1 reife Banane
100 g Kokosraspel
Reismehl
1½ walnussgrosse Stücke frische Ingwerwurzel
1 Knoblauchzehe
2 Zwiebeln
1 grüne Chili
20 frische Curryblätter
2 EL Kokosöl
200 g Cashewpaste (siehe Tipp)
2 dl Kokosmilch
4 Zweige Minze
4 Zweige Koriander
Salz, schwarzer Pfeffer aus der Mühle
Öl zum Frittieren

Den Paneer fein reiben, mit Salz und Pfeffer würzen. Die Banane zerdrücken und gut mit Kokosraspeln und Paneer mischen, sodass eine einheitliche Masse entsteht.

Die Masse portionsweise in der Handfläche zu Bällchen formen, rundherum in Reismehl wälzen. Die Bällchen goldgelb frittieren, auf Küchenpapier entfetten.

Ingwer, Knoblauch und Zwiebeln schälen, mit der Chili fein hacken und mit den Curryblättern im Kokosöl anbraten. Vorsicht: nicht verbrennen. Die Cashewpaste hinzufügen, kurz mitrösten, dann mit Kokosmilch auffüllen und 5 Minuten köcheln lassen.

Die Kräuter fein hacken, hinzufügen und mit Salz und Pfeffer abschmecken.

Die Paneer-Bällchen mit der Sauce garniert servieren.

TIPP Für die Cashewpaste die Cashewkerne ca. 40 Minuten in lauwarmem Wasser einweichen, dann abschütten und mit dem Stabmixer oder im Mixer pürieren. Evtl. noch 2–3 EL Wasser hinzugeben bis die gewünschte cremige Konsistenz erreicht ist.

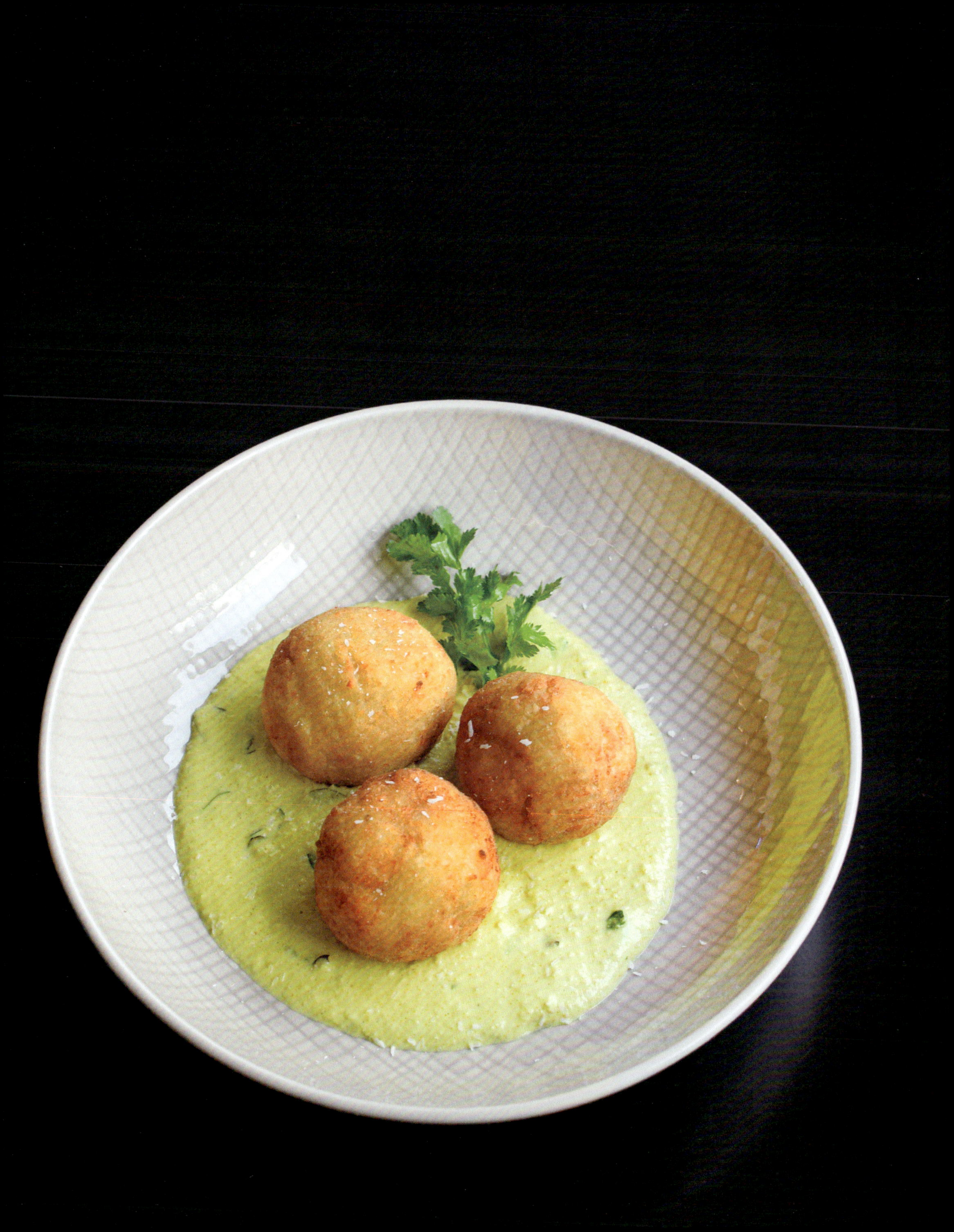

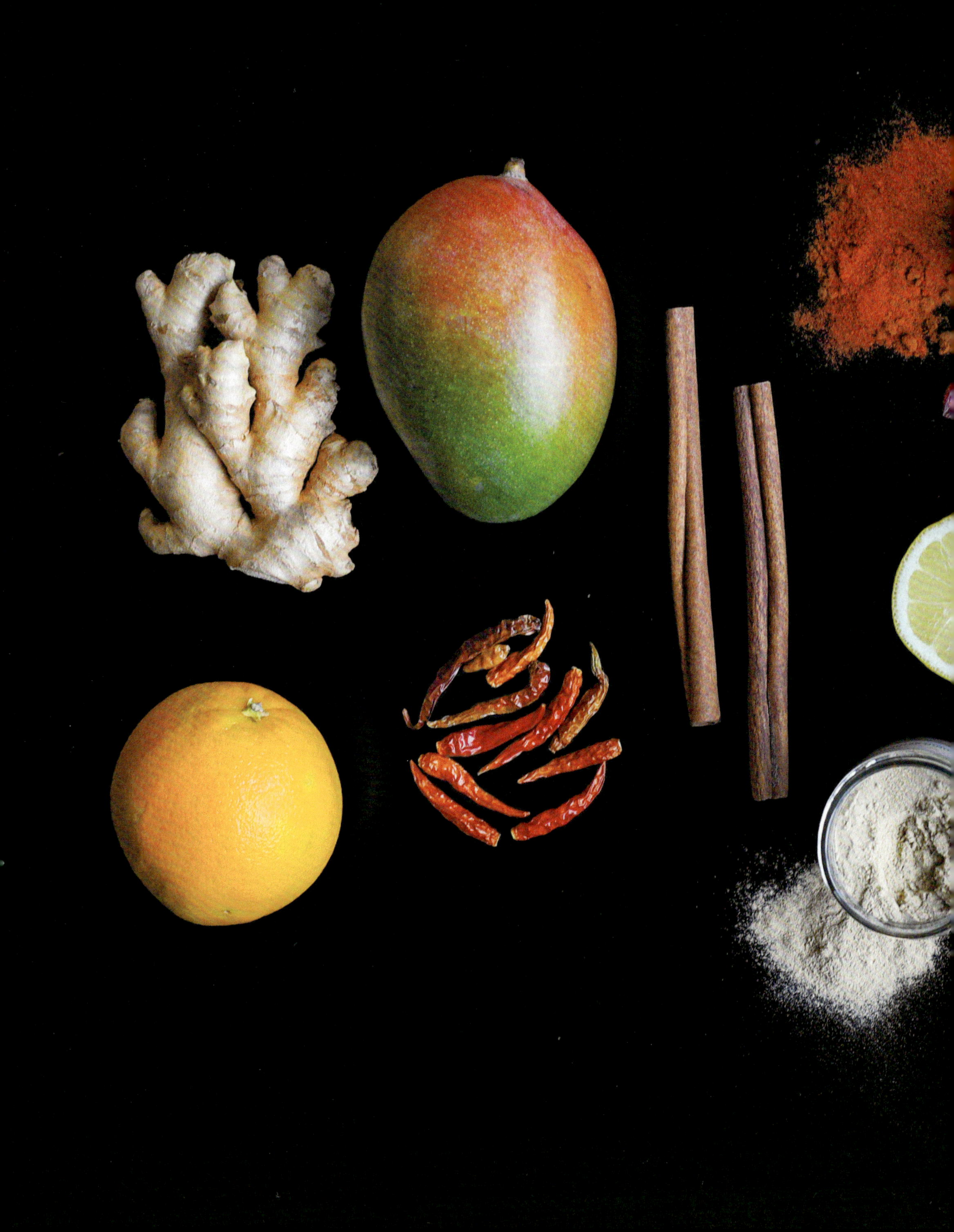

Saucen Chutneys

SAUCEN & CHUTNEYS

Grüne Thai-Currypaste
frisch und scharf

ergibt 280 Gramm

- 1 Schalotte
- 50 g Knoblauchzehen
- 25 g Galgant
- 80 g grüne Chilis
- 10 Kaffirlimetten-Blätter
- 2 Limetten, Zesten
- 1½ TL Koriander, gemahlen
- ½ TL Kreuzkümmel, gemahlen
- ½ TL schwarzer Pfeffer, gebrochen
- ¾ TL Kurkuma
- 1¾ EL Salz
- 1,2 dl neutrales Öl

Die Schalotte, den Knoblauch und Galgant schälen und mit den Chilis grob hacken. Die Mittelrippe bei den Limettenblättern entfernen, die Blätter möglichst fein hacken.

Die gehackten Zutaten mit der abgeriebenen Limettenschale, den Gewürzen, dem Salz und dem Öl mit dem Stabmixer oder im Mörser zu einer feinen Paste verarbeiten.

In einem Schraubglas mit Öl bedeckt ist die Paste 4 Wochen im Kühlschrank haltbar.

TIPP Galgant ist in thailändischen Läden auch unter dem Namen Galanga erhältlich und gehört zur Familie der Ingwergewächse. Vorrätige Thaipaste kann portionsweise eingefroren werden (z. B. in einem separaten Eiswürfelbehälter und Gefrierbeutel). So ist sie mindestens 3 Monate haltbar.

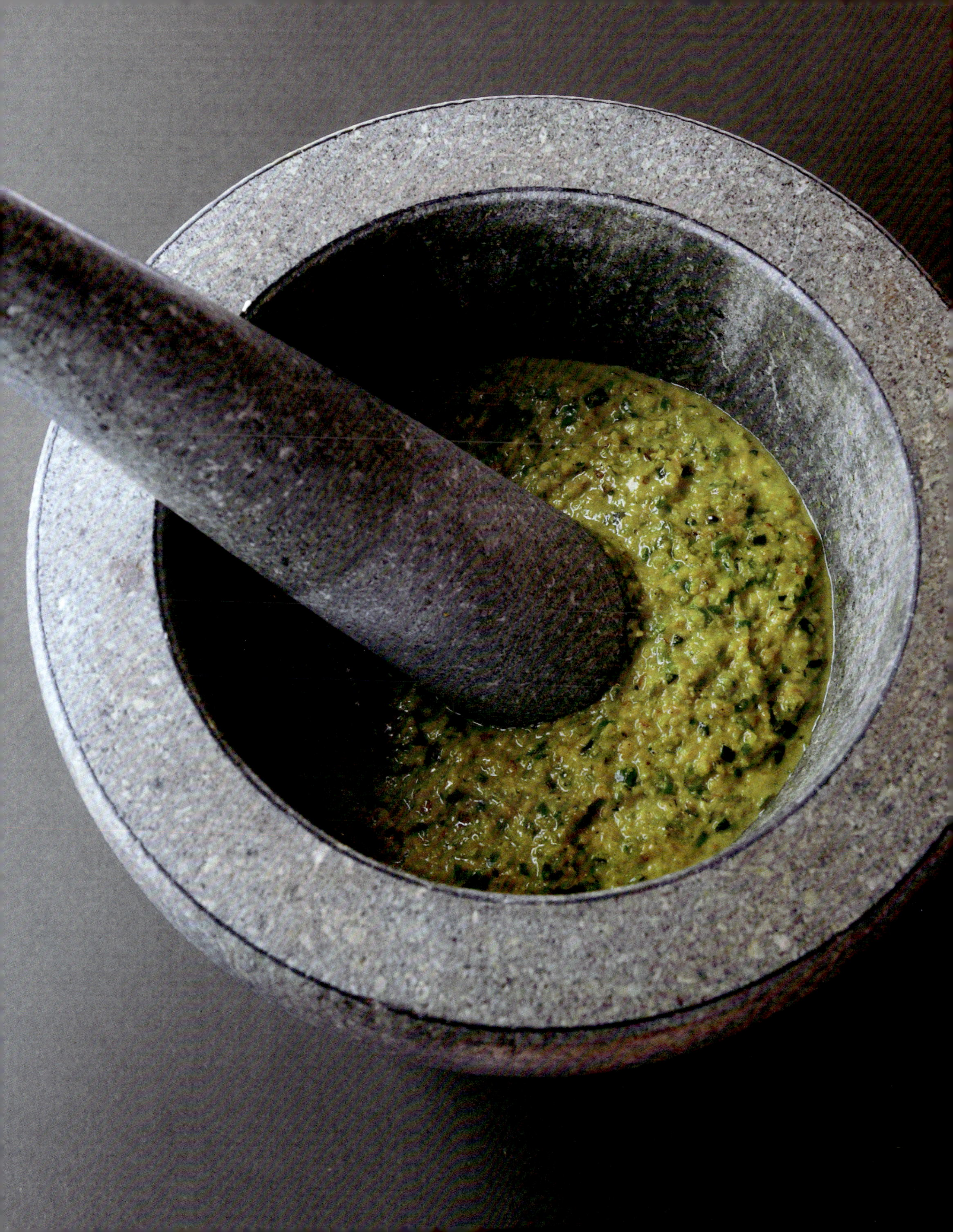

SAUCEN & CHUTNEYS

Mango-Apfel-Chutney
das beliebteste Hiltl-Chutney

ergibt 400 Gramm

250 g Äpfel
  (z.B. Golden Delicious)
1 dl Apfelsaft, naturtrüb
½ dl Apfelessig
1 Zimtstange
½ TL Koriander, gemahlen
2 Prisen Kurkuma
1 Prise Cayennepfeffer
1 TL Ingwer, gemahlen
½ EL Rohzucker
½ TL Salz
180 g Mangopulpe

Die Äpfel schälen und rüsten, in 1 cm grosse Würfel schneiden. Den Apfelsaft und den Essig zusammen mit den Gewürzen, Zucker und Salz aufkochen, auf die Hälfte reduzieren, die Apfelwürfel dazugeben und weich kochen.

Die Mangopulpe dazugeben und auskühlen lassen.

TIPP Das Chutney ist im Kühlschrank verschlossen mindestens 1 Woche haltbar. Mangopulpe ist in indischen Läden erhältlich. Mango-Apfel-Chutney passt zu indischen Gerichten und Crispy Tofu (siehe S. 52).

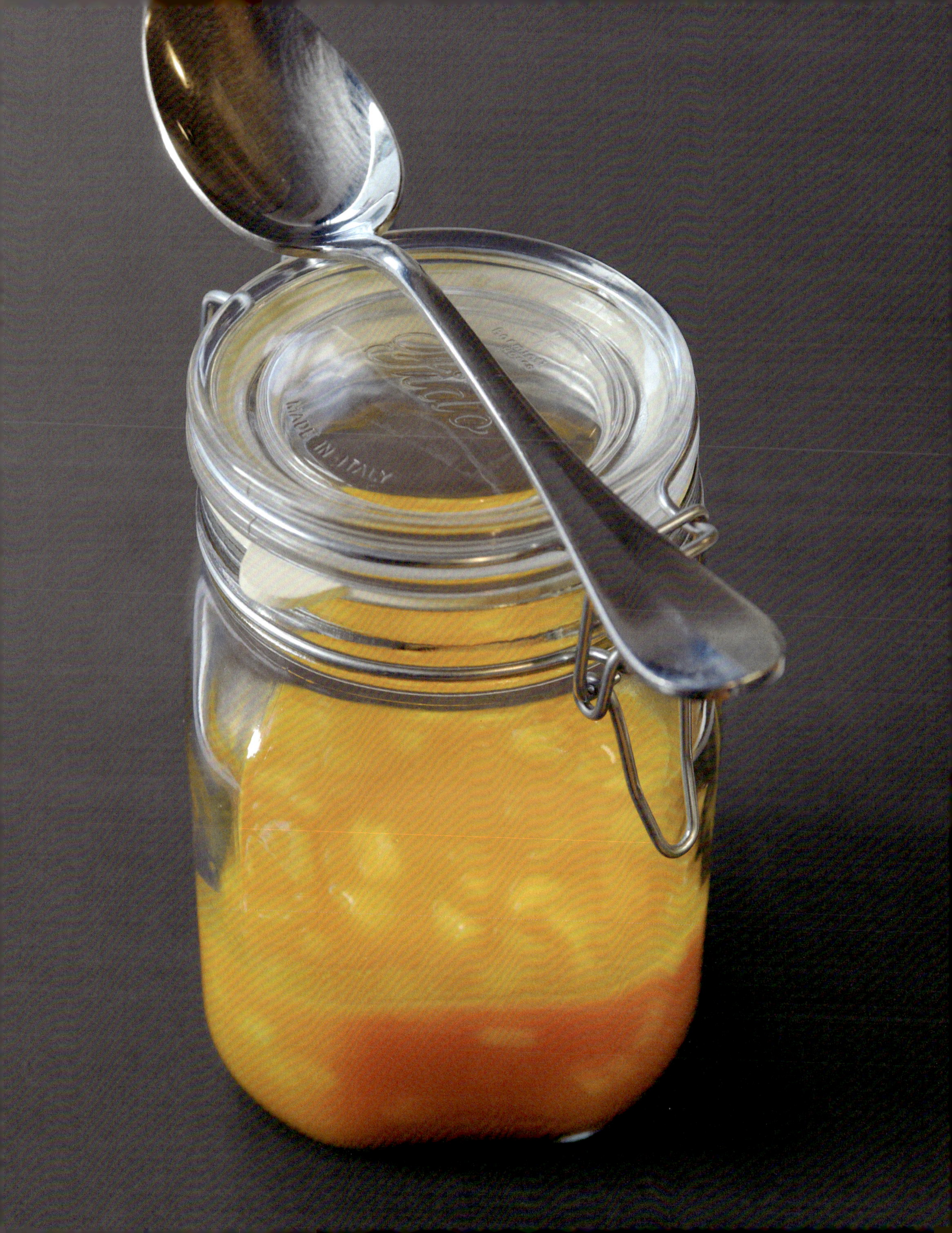

SAUCEN & CHUTNEYS

Cranberry-Apfel-Sauce
süss und sauer

ergibt 3 dl

2 ½ dl Apfelsaft, naturtrüb
1 ½ dl Cranberry-Saft
1 ½ dl Orangensaft, frisch gepresst
1 Zimtstange
1 TL Kardamom, gemahlen
1 walnussgrosses Stück frische Ingwerwurzel, in Scheiben
1 Schalotte, halbiert
2 EL Rohzucker
1–2 EL Maizena
3 EL Rotwein

Alle Fruchtsäfte und die Gewürze mit der Schalotte und mit dem Zucker aufkochen und auf die Hälfte reduzieren.

Sauce passieren, um die Gewürze zu entfernen. Passierte Sauce zurück in die Pfanne geben. Maizena mit dem Rotwein anrühren, in die Sauce einrühren und 2 Minuten kochen lassen, bis die Sauce bindet.

Die Sauce ist im Kühlschrank verschlossen 2 Wochen haltbar.

TIPP 100% Cranberry-Saft ohne Zuckerzusatz verwenden. Er kann durch Preiselbeer-Muttersaft (100 % Fruchtsaft) aus dem Reformhaus ersetzt werden. Diese Sauce passt zu kräftigen Pasteten und zur Linsenterrine (S. 110). Zu Stiltonkäse als Vorspeise oder Käsedessert geeignet.

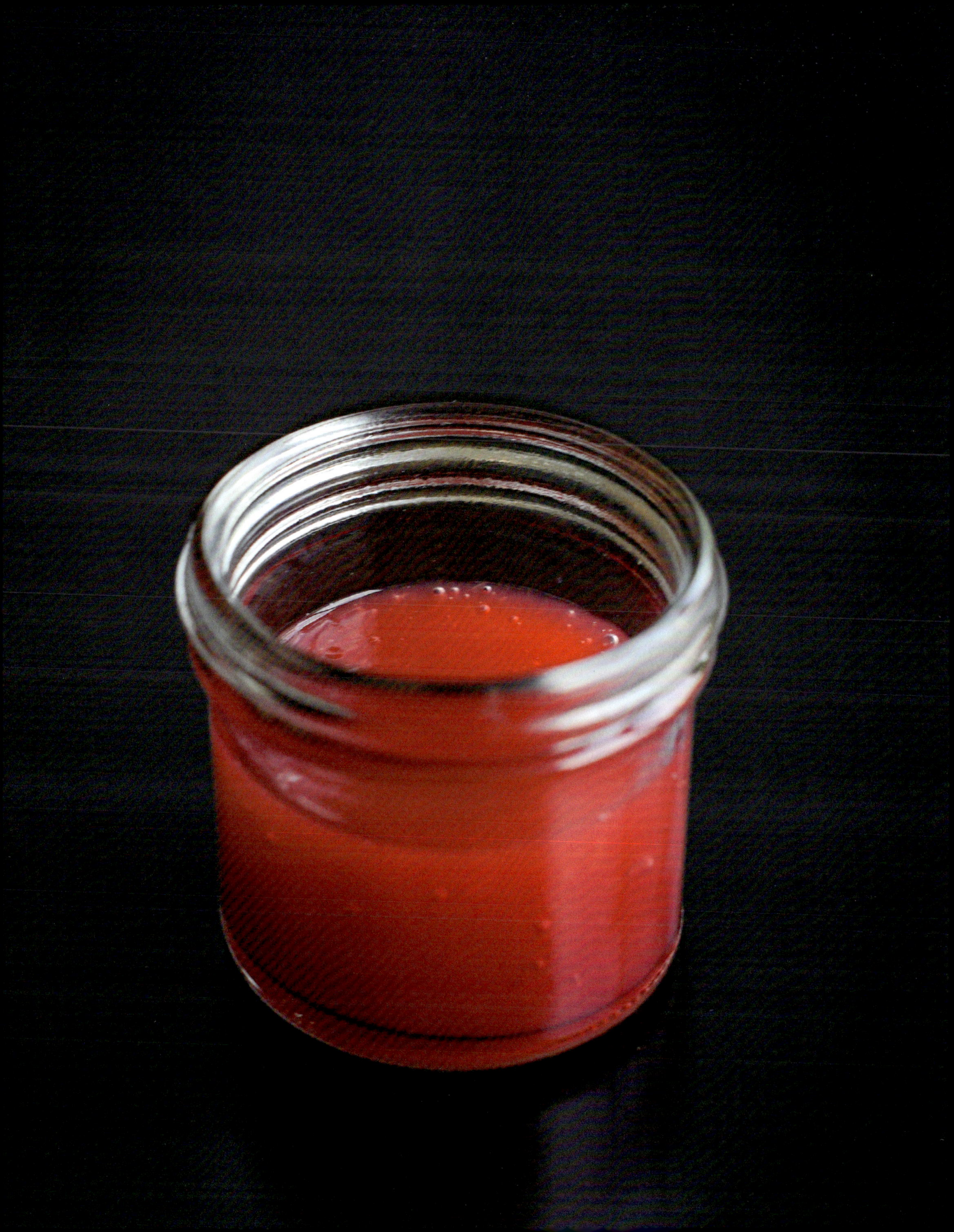

SAUCEN & CHUTNEYS

Zimt-Harissa

gibt Couscous-Gerichten den letzten Schliff

ergibt 200 Gramm

140 g Sambal Oelek
2 EL Tomatenpüree
1 EL Koriander, gehackt
2 EL Petersilie, gehackt
½ Zwiebel, gehackt
1½ EL Zitronensaft,
  frisch gepresst
½ TL Salz
½ TL Zimt, gemahlen
1 dl Wasser
¾ EL Rohzucker
½ TL Kreuzkümmel,
  gemahlen

Sambal Oelek und Tomatenpüree in eine Schüssel geben. Die restlichen Zutaten dazugeben und alles gut verrühren.

Im Kühlschrank verschlossen aufbewahrt, ist Harissa 1 Woche haltbar.

TIPP Zimt-Harissa passt zur Karotten-Pflaumen-Tagine (siehe S. 70) oder gibt Saucen eine besondere Note, wenn es anstelle von roten Chilis zugegeben wird.

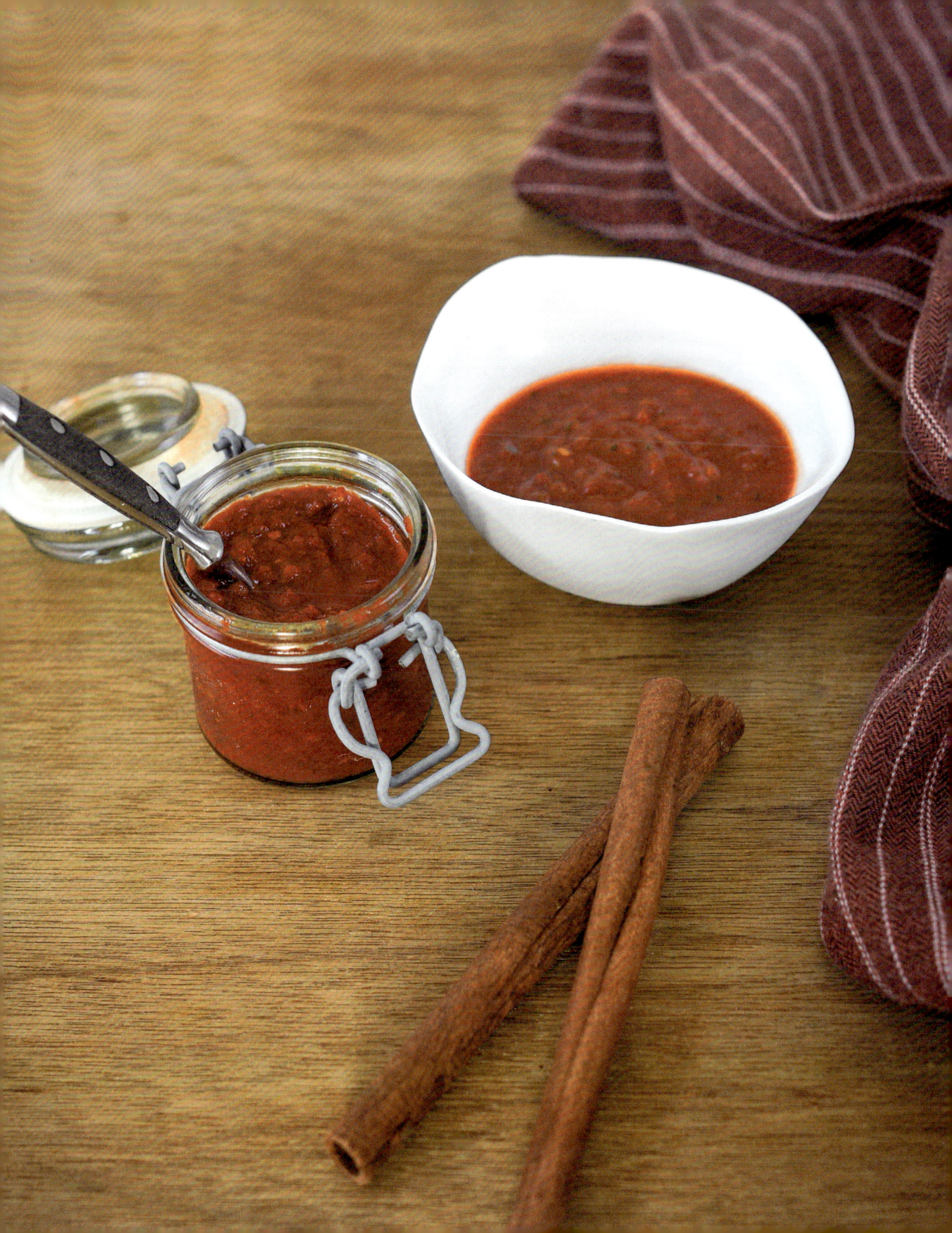

SAUCEN & CHUTNEYS

Birnen-Zimt-Chutney

ein Muss auf der Käseplatte

4 Portionen

500 g Birnen
60 g Rohzucker
7 EL weisser Aceto Balsamico
1 Prise Kardamom, gemahlen
½ TL Zimt, gemahlen

Birnen waschen, halbieren und Kerngehäuse entfernen, ungeschält in sehr kleine Würfel schneiden.

Rohzucker karamellisieren, mit Balsamico ablöschen und kochen lassen, bis der Zucker geschmolzen ist.

Birnen und Gewürze dazugeben, etwas einkochen lassen und bis zum Servieren kühl stellen.

TIPP Für eine feinere Konsistenz die Birnen schälen und dann weiterverarbeiten. Passt zu Süssem und Pikantem.

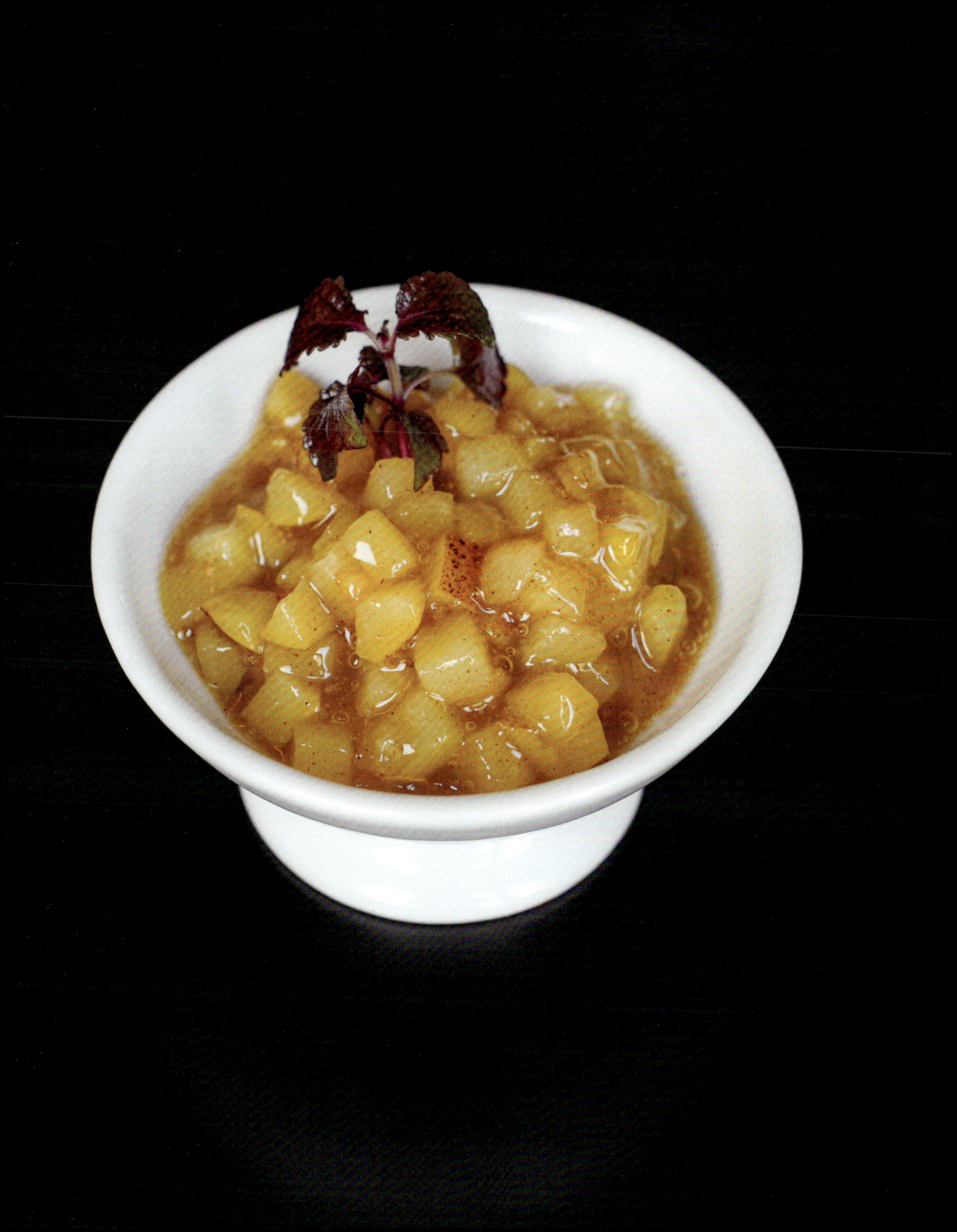

SAUCEN & CHUTNEYS

Feta-Chili-Dip

würziger Genuss aus Griechenland

4 Portionen

1 Zwiebel
2 Knoblauchzehen
1 grüne Chili
75 g grüne Oliven, entsteint
½ Bund Basilikum
1½ dl Olivenöl
150 g Fetakäse
einige Chilifäden

Zwiebel und Knoblauch schälen und fein hacken. Chili ebenfalls hacken. Wer es nicht so scharf mag, sollte vorher die Kerne und Scheidewände der Chili entfernen.

Zwiebel, Knoblauch, Oliven, Chili, Basilikum und Olivenöl mit dem Stabmixer mixen.

Feta mit den Händen zerkrümeln und unter die Masse mischen.

Mit Chilifäden garniert servieren.

TIPP Eignet sich als Dip für Gemüse und als Aufstrich für Fladenbrot, Focaccia oder Wraps und passt perfekt zu Grilliertem.

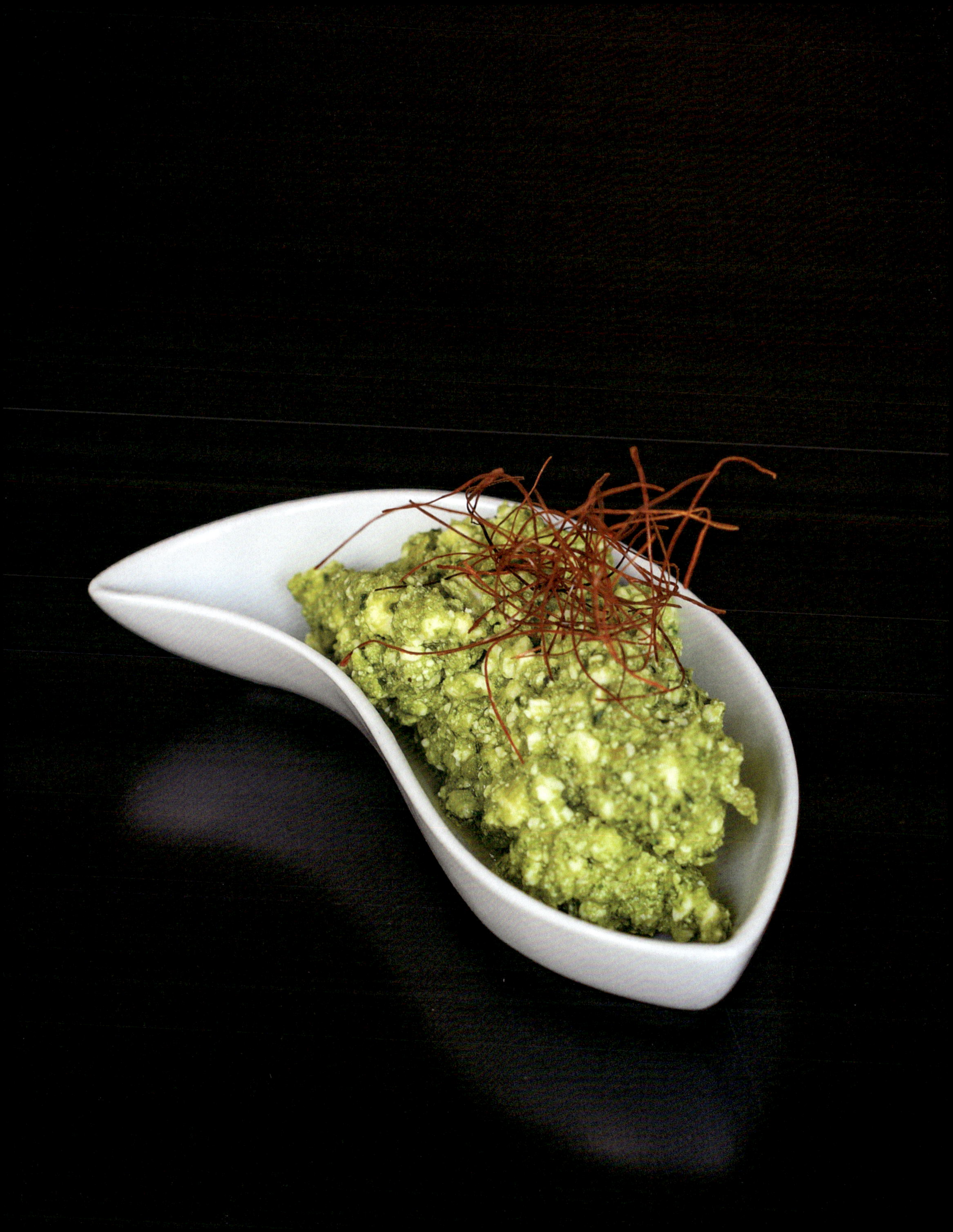

SAUCEN & CHUTNEYS

Gemüsebouillon
der Aufwand lohnt sich

ergibt 3 ½ l

2 Tomaten
½ Wirz
1 Lauch
1 Fenchel
1 rote Peperoni
2 Zwiebeln, mit Schale
2 Karotten
2 EL Olivenöl
1 EL schwarze Pfefferkörner
1 EL Fenchelsamen
1 EL Kümmelsamen
2 Lorbeerblätter
4 Zweige Petersilie
2 Zweige Estragon
Salz

Gemüse waschen und in grobe Stücke schneiden.

Das Öl in einem hohen Kochtopf erhitzen. Das Gemüse darin leicht braun anziehen, dabei gelegentlich umrühren. Die Gewürze untermischen und anziehen, bis es duftet. Die Kräuterzweige dazugeben und mit 4 l Wasser auffüllen.

Alles aufkochen und 1–1 ½ Stunden köcheln.

Die Bouillon absieben, in ausgekochte Glasflaschen füllen, sofort verschliessen und auskühlen lassen.

Die Bouillon ist verschlossen und im Kühlschrank aufbewahrt mindestens 2 Wochen haltbar.

TIPP Natürlich kann in den Rezepten auch Fertigbouillon verwendet werden.

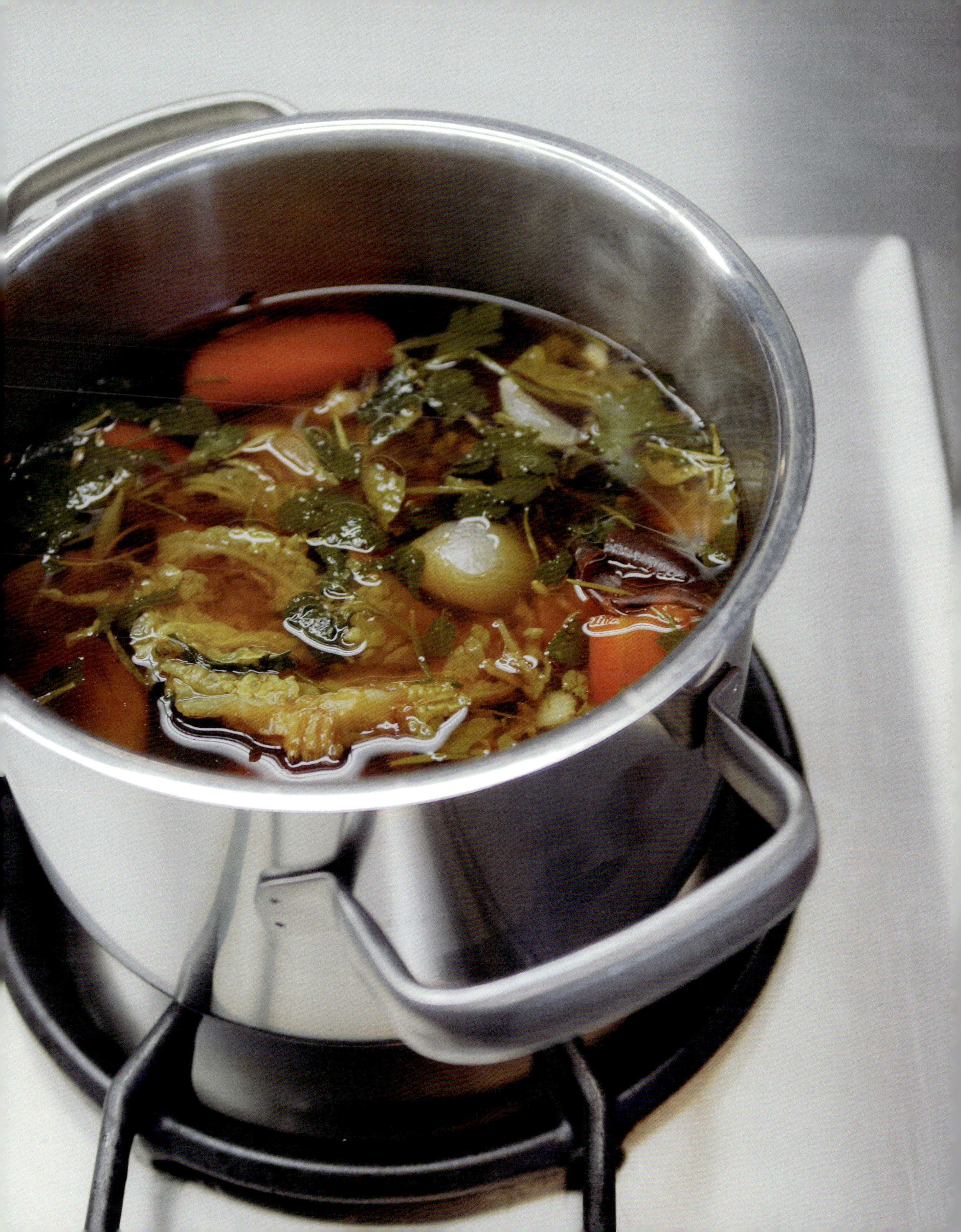

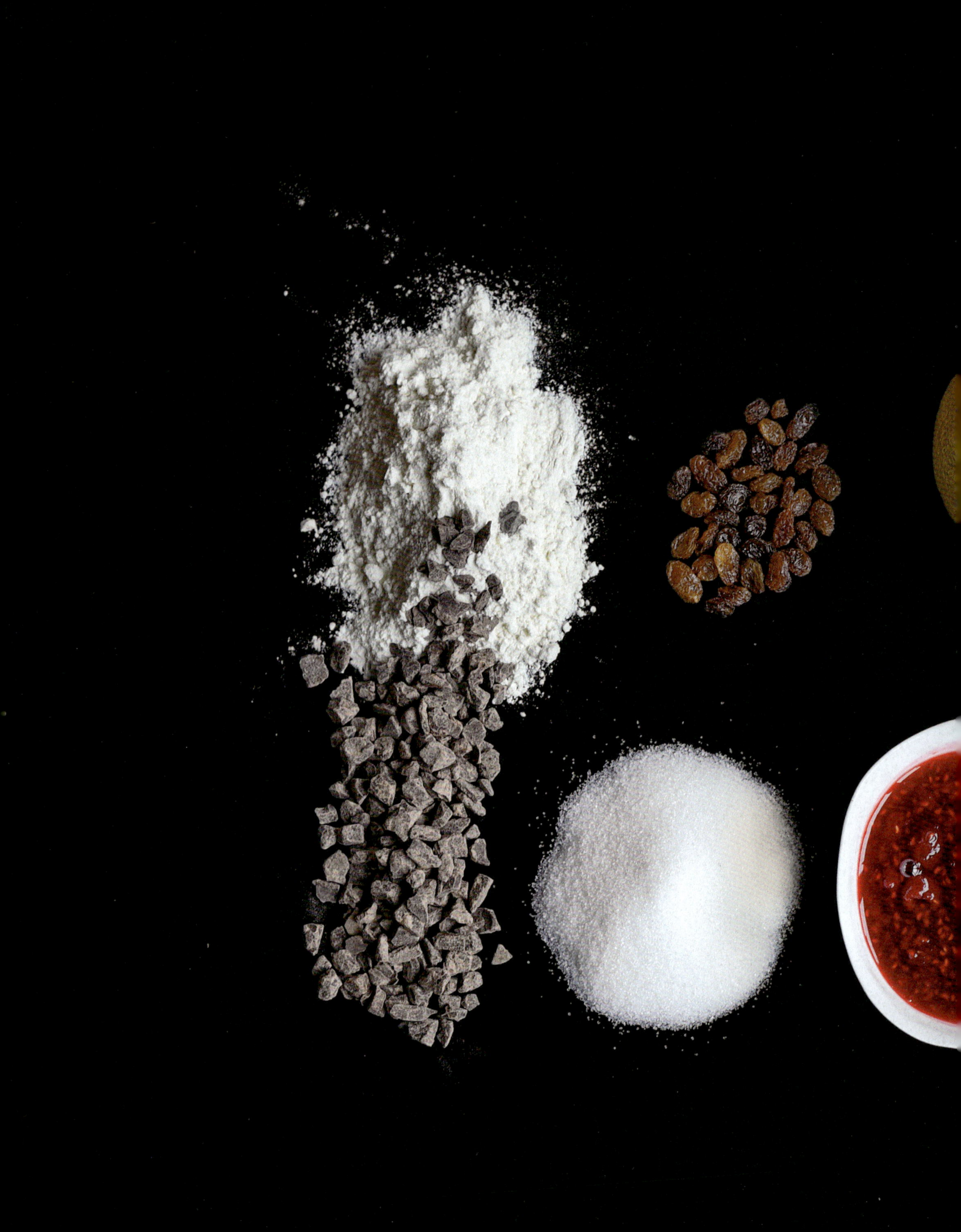

Desserts

DESSERTS

Crème brûlée
der Liebling auf unserer Dessertkarte

4 Portionen

130 g Rohzucker
1 TL Zitronensaft, frisch gepresst
5 dl Milch
2 EL Milch
2 EL Maizena
2 Eier
2 EL Rohzucker
1½ dl Schlagrahm, steif geschlagen
2 EL Rohzucker

Den Zucker mit dem Zitronensaft goldbraun karamellisieren. Mit der Milch ablöschen und aufkochen, Karamell auflösen.

Die zwei Esslöffel Milch mit Maizena verrühren, in die Karamellmilch einrühren, aufkochen.

Die Eier mit dem Zucker verrühren. Wenig heisse Karamellmilch dazurühren, alles zurück zur übrigen Karamellmilch giessen, einmal aufwallen lassen. Achtung: Die Creme darf nicht mehr kochen, sonst brennt sie an und das Ei gerinnt!

Creme passieren und auskühlen lassen.

Den steif geschlagenen Rahm unter die ausgekühlte Creme ziehen. Creme in Kokotten füllen und kühl stellen.

Ganz kurz vor dem Servieren mit Rohzucker bestreuen und diesen mit dem Bunsenbrenner karamellisieren. Sofort servieren.

TIPP Der Zucker wird sofort mit einer offenen Flamme karamellisiert, bevor er Feuchtigkeit angezogen hat. Die Creme sollte kalt mit heisser Kruste serviert werden.

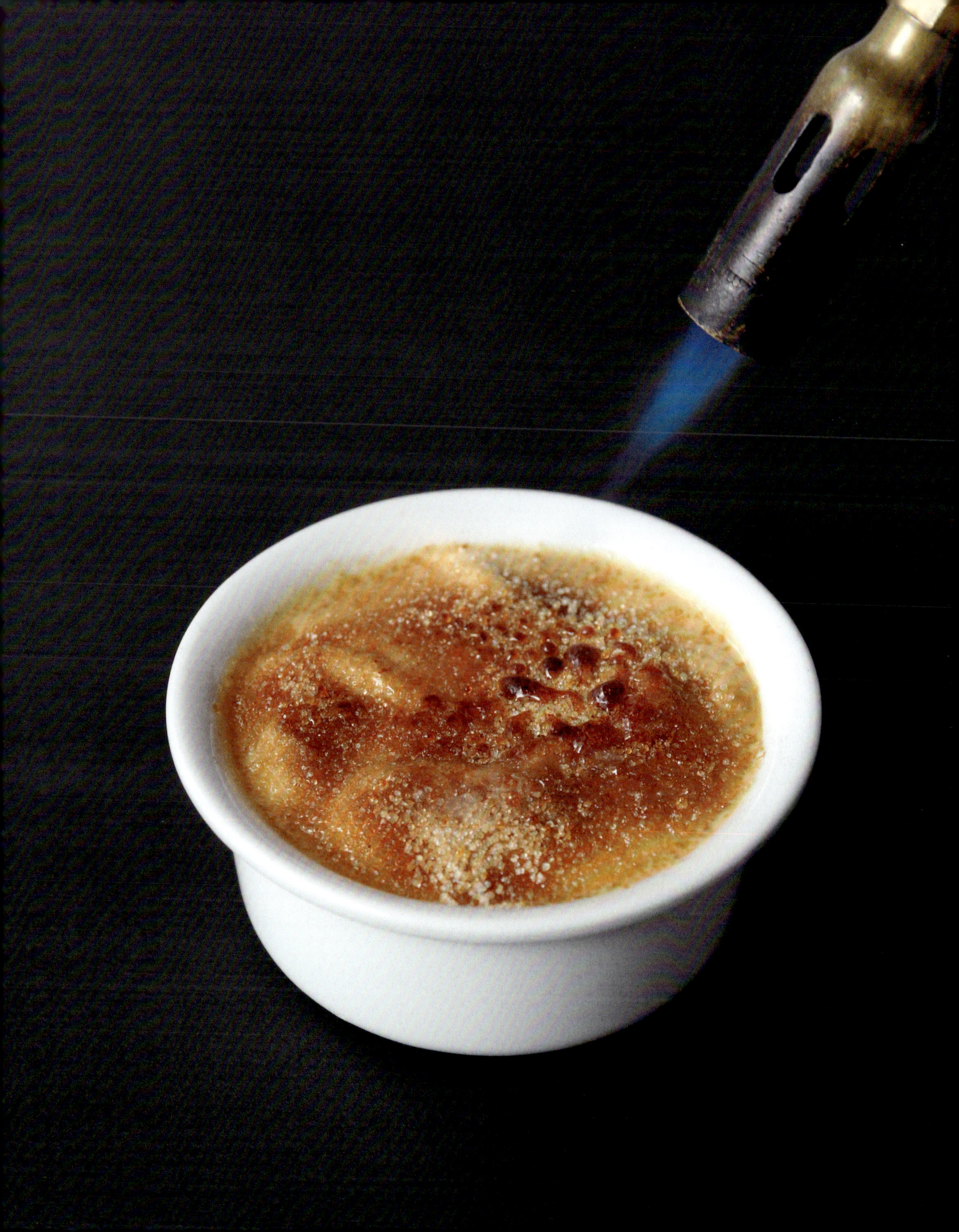

DESSERTS

Quark-Kuchen
Original Hiltl-Rezept von 1950

Springform von 24 cm Durchmesser

100 g Butter, kalt
200 g Weissmehl
100 g Rohzucker
2 Prisen Salz
3 Eier
80 g Kristallzucker
½ Zitrone, Zesten
2 ½ EL Maizena
2 dl Milch
200 g Doppelrahmfrischkäse
400 g Magerquark
60 g Rosinen

Den Backofen auf 170 °C vorheizen.

Die kalte Butter in Flocken schneiden, mit dem Mehl ganz fein verreiben. Zucker und das Salz daruntermischen. Ein Ei mit einer Teigkarte unter den Teig arbeiten, Teig zusammenfügen und 30 Minuten kalt stellen.

Die übrigen zwei Eier und Zucker mit der abgeriebenen Zitronenschale schaumig rühren.

Maizena und Milch aufmixen, in die Eiermasse rühren. Frischkäse und Magerquark dazugeben, alles gut mixen. Die Rosinen dazumischen.

Den Teig 3 mm dünn auf Mehl auswallen, 2 cm grösser als der Durchmesser der Springform ausschneiden. Die Form buttern und bemehlen, den Teig hineinlegen, den Rand hochklappen.

Die Füllung auf den Teigboden giessen, sofort in der Mitte des Ofens 45–50 Minuten backen. Die Quarkmasse sollte goldgelb sein und an einigen Stellen goldbraune Flecken haben.

Garprobe: Mit einem Holzspiesschen in die Masse stechen, es sollte keine Quarkmasse daran kleben bleiben.

TIPP Während der Saison frische Beeren oder Cranberrys verwenden. Im Original wird der Kuchen in einer quadratischen Form gebacken und in eckige Stücke geschnitten. Rosinen in Mehl wenden, so bleiben sie schön in der Füllung verteilt.

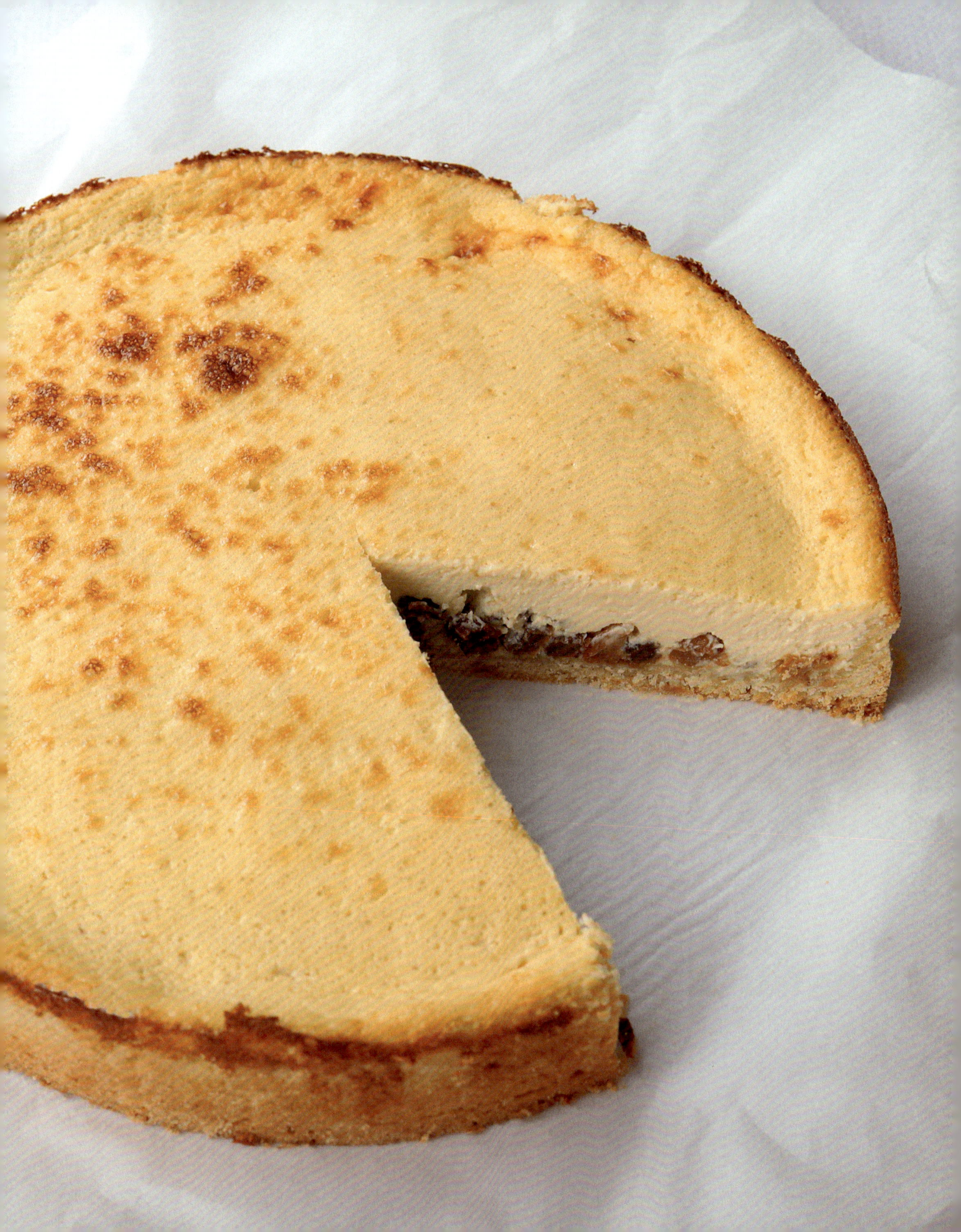

DESSERTS

Mango-Mousse
ein Liebling unserer Gäste

4 Portionen

500 g vegane Schlagcreme
350 g Mangopulpe
1 EL Limettensaft,
   frisch gepresst
6 EL Ahornsirup
90 g Mango, geschält

Vegane Schlagcreme steif schlagen.

Mangopulpe, Limettensaft und Ahornsirup vorsichtig unterrühren.

Mango schälen, Fruchtfleisch in kleinste Würfel schneiden. Mangowürfel unter das Mango-Mousse rühren. Bis zum Servieren kalt stellen.

Mit Mangopulpe garnieren.

TIPP Mangopulpe gibt es in Dosen abgefüllt in asiatischen Supermärkten.

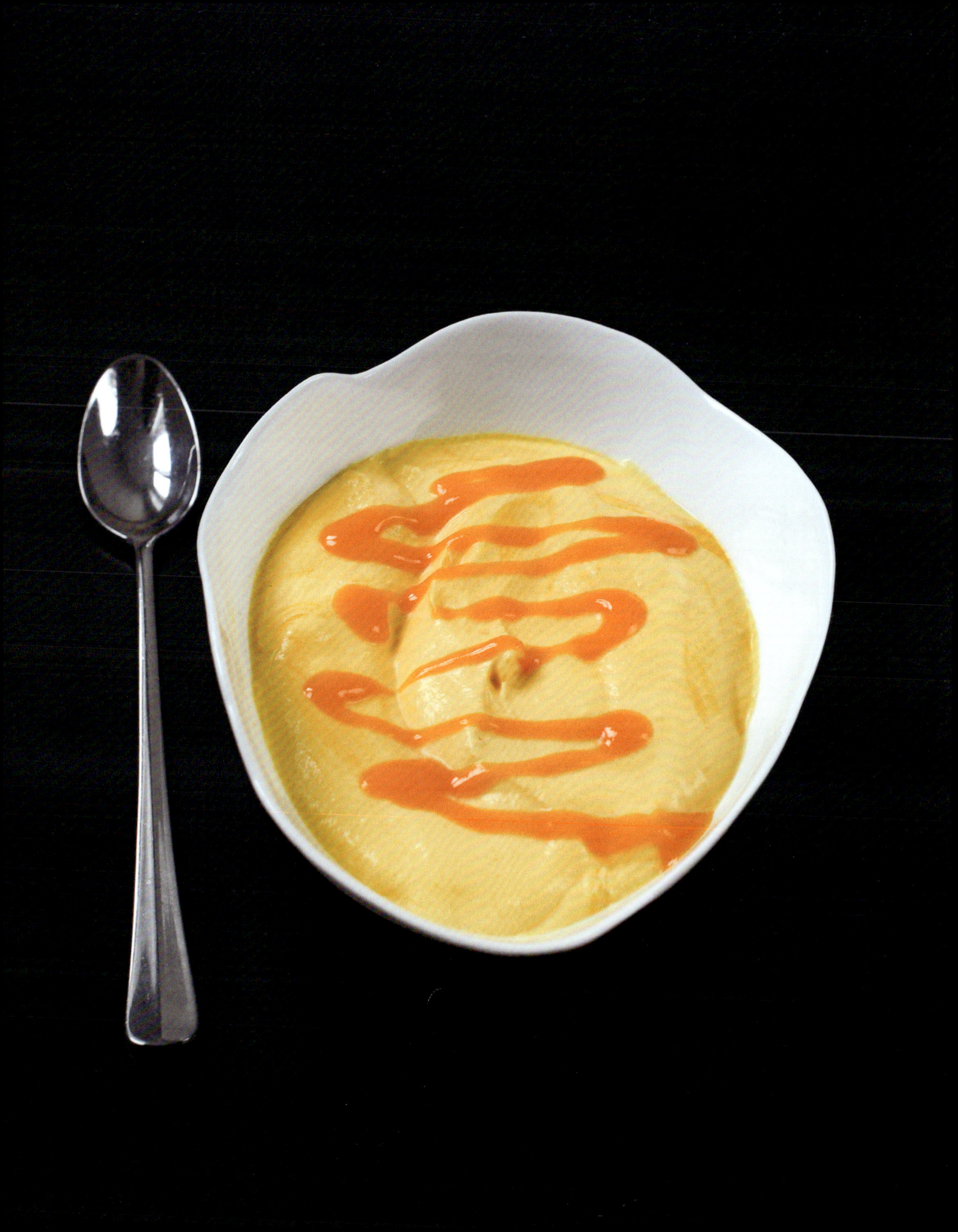

DESSERTS

Schoggi-Mousse
süsse Verführung seit über 30 Jahren

4 Portionen

4 dl Rahm
120 g Edelbitter-Couverture
120 g Grand-Cru-Couverture 70 %
2 EL Milch
5 Eigelbe (ganz frisch)
2 EL Kristallzucker

Die Couverturen mit der Milch im Wasserbad schmelzen.

Eigelb und Zucker zu einer hellen, sehr schaumigen Masse rühren, mit der flüssigen Couverture mischen. Die Schokoladen-Masse auf Raumtemperatur abkühlen lassen.

Den Rahm steif schlagen. Den Schlagrahm unter die Schokoladen-Ei-Mischung ziehen und bis zur Verwendung kühl stellen (mindestens 30 Minuten).

TIPP Die Schokoladenmousse wird noch fester, wenn man sie einen ganzen Tag kühl stellt.

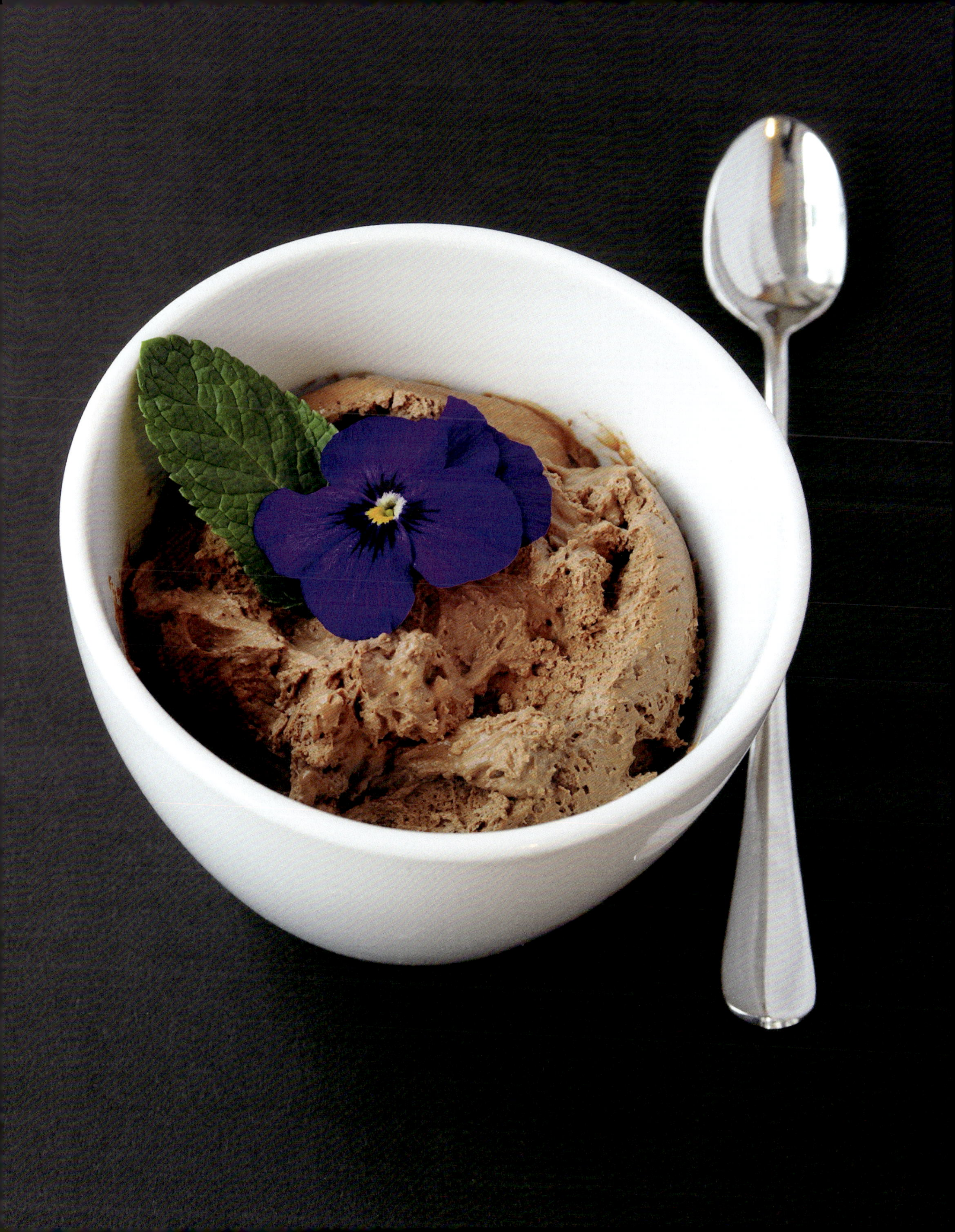

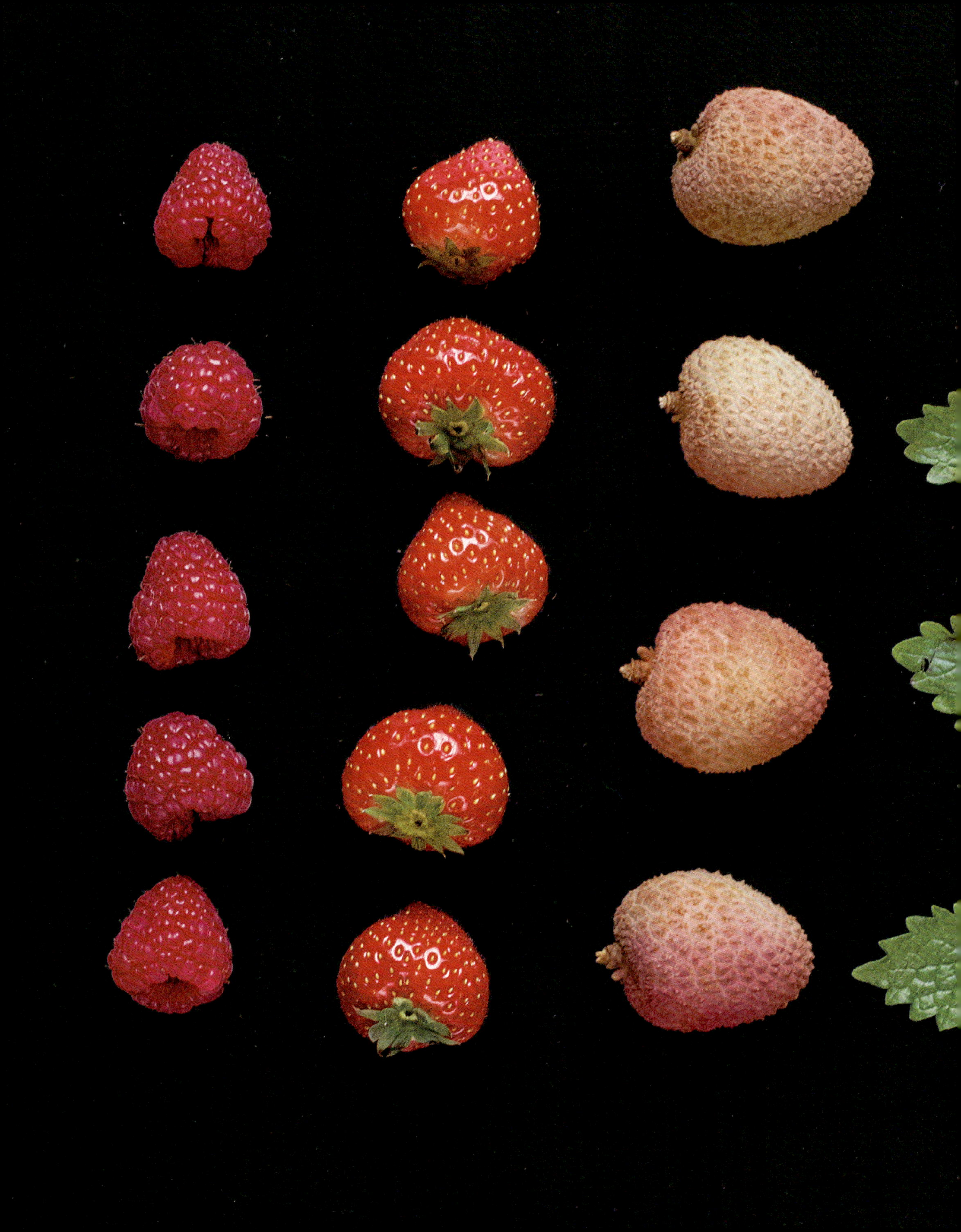

Getränke

DRINKS

Tutti-Frutti-Saft

unser Bestseller unter den frisch gepressten Säften

6 Portionen à 2 dl

6 dl Orangensaft, frisch gepresst
1 Banane, geschält
2 süssliche Äpfel
2 Birnen, geschält
1 Kiwi, geschält
2 dl Wasser

Den Orangensaft in einen Mixbecher geben. Die Banane direkt in den Orangensaft in feine Scheiben schneiden.

Die Äpfel und Birnen entkernen, in kleine Würfel schneiden und sofort zum Orangensaft geben. Die Kiwi ebenfalls in kleine Würfel schneiden und zum Orangensaft geben.

Das Wasser beifügen. Mit einem Stabmixer sehr gut mixen, durch ein Sieb passieren. Kalt stellen, vor dem Servieren nochmals gut durchrühren.

TIPP Das Wasser verbessert die Fliessfähigkeit des Safts.

Lychee-Mandarinen-Saft

exotischer Vitaminspender für den Winter

6 Portionen à 2 dl

900 g Lychees
130 g Ananas, gerüstet
4 dl Mandarinensaft, frisch gepresst
2 ½ dl Orangensaft, frisch gepresst

Die Lychees schälen und entkernen, es wird 400 g Lychee-Fruchtfleisch benötigt.

Das Ananasstück und das Lychee-Fruchtfleisch in kleine Würfel schneiden, mit den beiden Säften in einen Mixbecher geben, sehr gut mixen und durch ein Sieb passieren.

TIPP Ausserhalb der Lychee-Saison im Winter kann der Saft auch mit abgetropften Dosen-Lychees zubereitet werden.

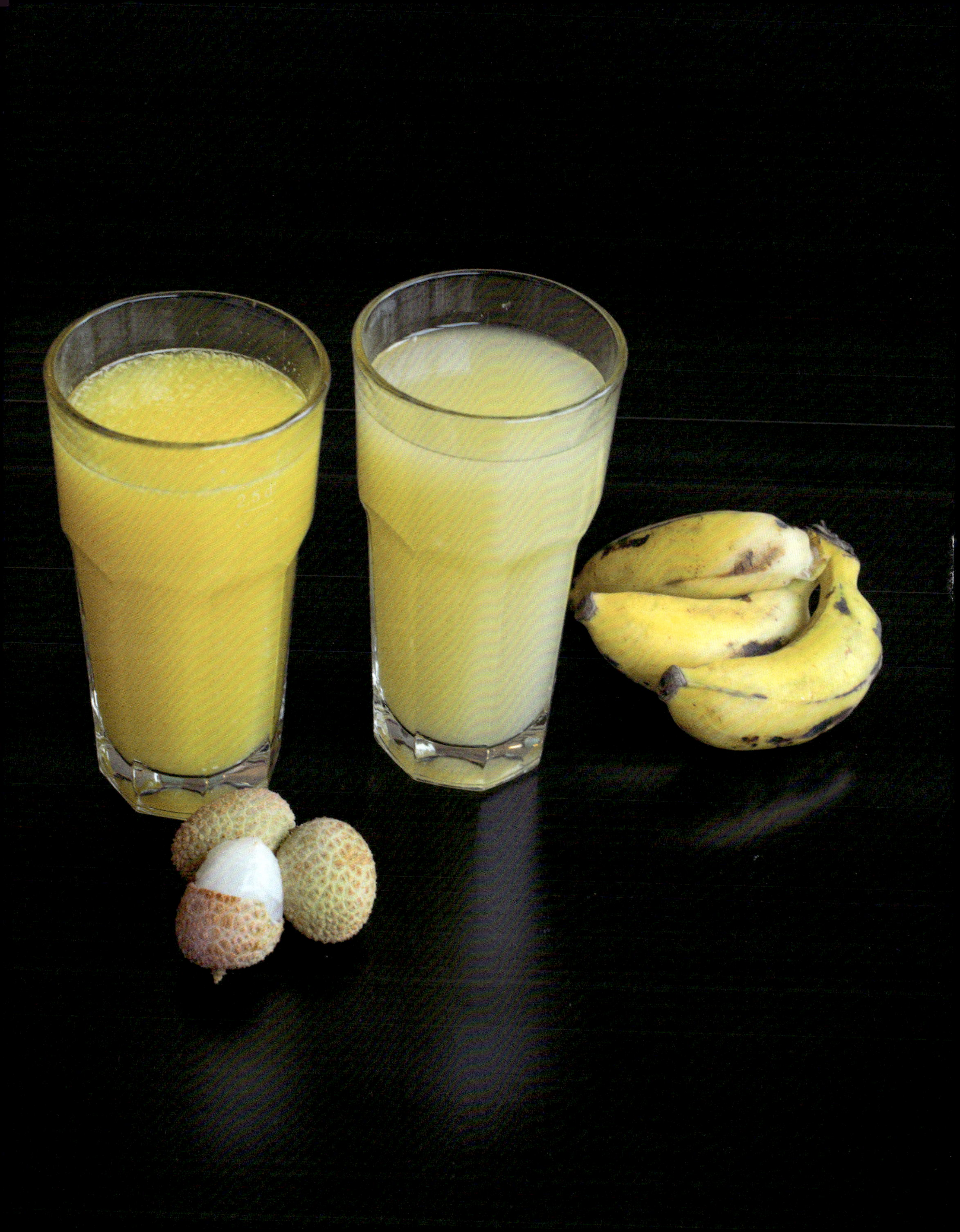

DRINKS

Mango Lassi
indisches Joghurtgetränk

2 Portionen à 2 ½ dl

1 sehr reife Mango
200 g Joghurt nature
1 dl Milch
Garam Masala

Die Mango rüsten, das Fruchtfleisch würfeln und pürieren.

Joghurt mit der Milch glattrühren.

Zuerst je ⅓ Mangopulpe in die Gläser geben, dann mit Joghurtmilch auffüllen.

Mit Garam Masala bestreuen und direkt servieren.

TIPP Mango Lassi schmeckt sehr gut mit gezuckerter Mangopulpe aus der Dose. Garam Masala ist im Hiltl Laden erhältlich.

Rooibush-Eistee
mit Minze

ergibt 1 ½ Liter

8 dl Wasser
2 Zweige Minze
5 Beutel Rooibush-Tee
2 ½ dl Orangensaft, frisch gepresst
6 dl Wasser

Die Minze und die Teebeutel in einen grossen Krug geben. Das Wasser aufkochen und dazugiessen, 15 Minuten ziehen lassen. Minze und Teebeutel herausnehmen und leicht ausdrücken.

Den Orangensaft und Wasser dazugeben und den Eistee mit Crushed Ice servieren.

TIPP Frisch gepressten Orangensaft verwenden wie im Hiltl. Geeignet für Kinder, weil dieser Eistee kein Tein (an Gerbstoffe gebundenes Koffein) enthält.

Limonana
das israelische Erfrischungsgetränk

2 Portionen à 3 dl

4 EL Kristallzucker
2 dl Wasser
4 Zitronen, frisch gepresster Saft
2 Handvoll Minzeblätter
1 Handvoll Eiswürfel

Zucker im Wasser auflösen. Alles zusammen mit dem Stabmixer mixen und eiskalt servieren.

TIPP Kann auch mit anderen Zitrusfrüchten zubereitet werden.

Orangen-Limonade
mit Orangenblüten

ergibt 1 Liter Sirup

1 Orange
150 g Kristallzucker
2,5 g Orangenblüten
4 dl Wasser
8 ½ dl Orangensaft, frisch gepresst

Zubereitung Orangen-Sirup
Die Orange heiss waschen und abtrocknen, die Schale fein abreiben. Den Zucker, die Orangenblüten und die abgeriebene Schale der Orange in einen Krug geben. Das Wasser aufkochen und über die Orangenblüten giessen, 3 Minuten ziehen lassen, absieben. Den Orangensaft auf 4 dl reduzieren, zum Orangenblüten-Auszug geben, gut mischen. In einer Flasche abgefüllt und verschlossen ist der Sirup im Kühlschrank mindestens 1 Woche haltbar.

Zubereitung Orangen-Limonade
Ein 2½-dl-Glas zu ¼ mit Crushed Ice füllen, 2 dl kohlensäurehaltiges Mineralwasser dazugiessen, 4 cl Orangen-Sirup dazugeben. Das Glas mit einer Orangenscheibe garnieren.

TIPP Orangenblüten sind im Teegeschäft zu finden. Wenn möglich frisch gepressten Orangensaft verwenden.

DRINKS

Himbeer-Thymian-Splash
erfrischend edel

1 Portion

1 Thymianzweig
6 Himbeeren
6 cl Gin
3 cl Zuckersirup
3 cl Limettensaft, frisch gepresst
Thymianzweig und Himbeere zum Garnieren
Crushed Ice

Thymianblätter vom Stiel ziehen und mit den Himbeeren im Shaker zerstossen.

Die restlichen Zutaten dazugeben und kräftig shaken. Im Double Strain Verfahren in das Cocktailglas abseihen und mit Thymianzweig sowie Himbeere garniert servieren.

TIPP Zuckersirup ist schnell und einfach selbst hergestellt. Zucker und Wasser im Verhältnis 1:1 in einer Pfanne aufkochen und abkühlen lassen.

Erdbeer-Basilikum-Caipirinha
Sommervariante des Klassikers

1 Portion

4 Erdbeeren
¼ Limette, frisch gepresster Saft
8 Blätter Basilikum
2 EL Kristallzucker
5 cl Cachaça
6 cl Ginger Beer
Basilikum und eine Erdbeere zum Garnieren
Eiswürfel

Erdbeeren in Viertel schneiden, mit Limettensaft, Basilikum und Zucker in das Barglas geben und mit einem Stössel zerdrücken.

Mit Eiswürfeln auffüllen, Cachaça und Ginger Beer dazugiessen und gut schütteln.

In einem Tumblerglas servieren und mit Erdbeere und Basilikumblatt garnieren.

TIPP Alternativ zum Ginger Beer kann auch Ginger Ale verwendet werden.

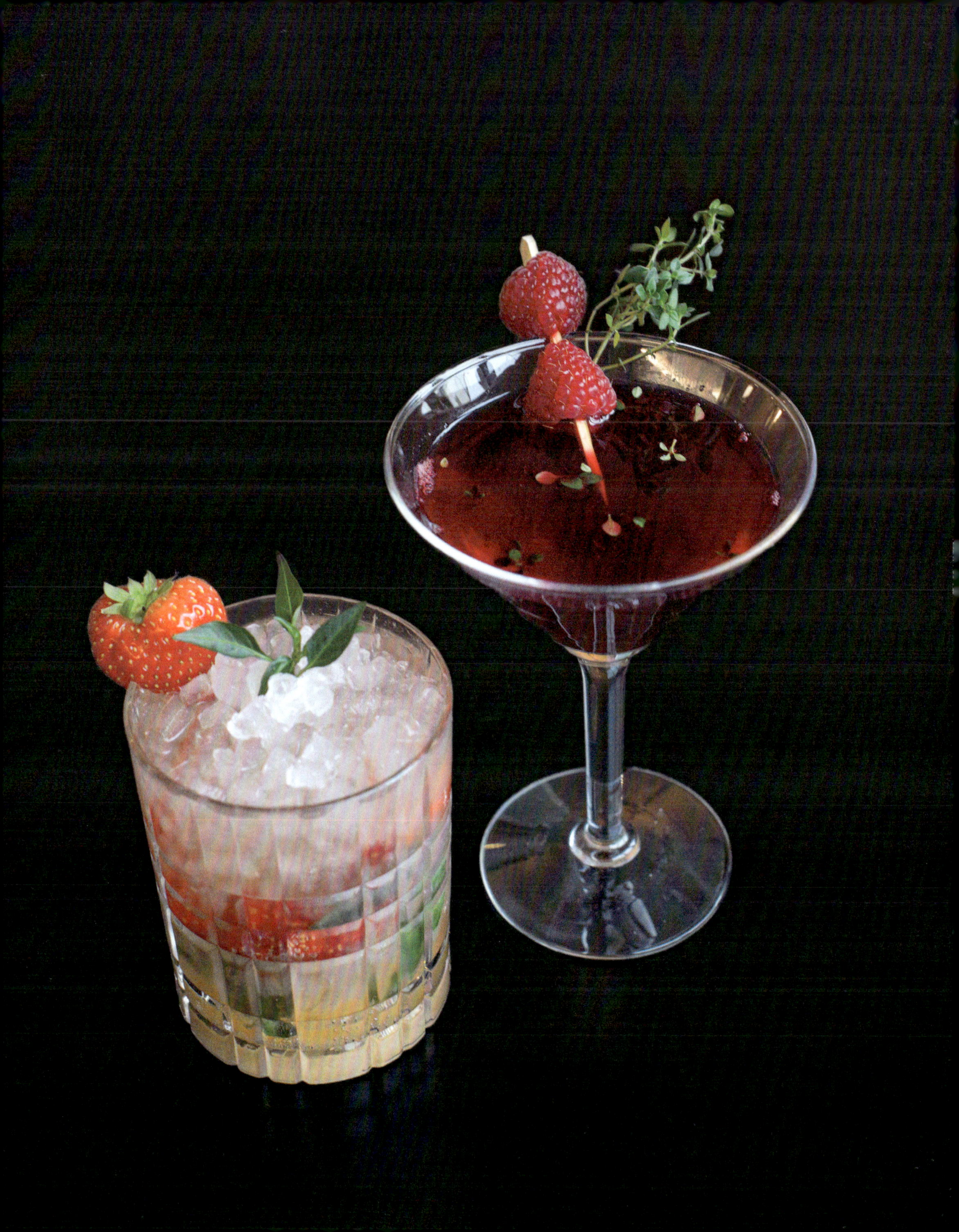

DRINKS

Hiltl Lillet
die grüne Variante

1 Portion

4 cl Lillet
1 dl Tonic Water
1 Gurkenscheibe längs geschnitten
½ Zitronenscheibe
1 Zweig Zitronenmelisse
Mit Eiswürfeln das Glas auffüllen

Den Lillet in ein Glas geben und das Glas mit 4–5 Eiswürfeln auffüllen.

Das Tonic Water dazugeben und mit Gurke, Zitronenscheibe und Zitronenmelisse garnieren.

TIPP Anstatt Lillet eignet sich ebenfalls Martini.

Zitronengras-Ingwer-Mojito
Mojito goes Asia

1 Portion

2 Stängel Zitronengras
1 Limette
8 Minzeblätter
1 EL Rohzucker
5 cl weisser Rum
1 Spritzer Rose's Lime Juice
6 cl Ginger Beer
Minze zum Garnieren
Crushed Ice

Das untere Drittel der Zitronengrasstängel in Ringe schneiden. Lange Stiele für die Dekoration beiseitelegen. Limette in Achtel schneiden. 4 Stücke davon ins Glas geben, von den restlichen 4 nur den Saft verwenden.

Limettenachtel mit Rohzucker, Limettensaft, Zitronengras und Minzeblättern im Barglas zerstampfen. Mit Crushed Ice auffüllen.

Rum, Rose's Lime Juice und Ginger Beer dazugiessen und alles gut mit dem Löffel verrühren.

Mit einem Minzblatt und Zitronengrasstängel garnieren.

TIPP Für eine alkoholfreie Variante den Rum weglassen und dafür mehr Ginger Beer verwenden.

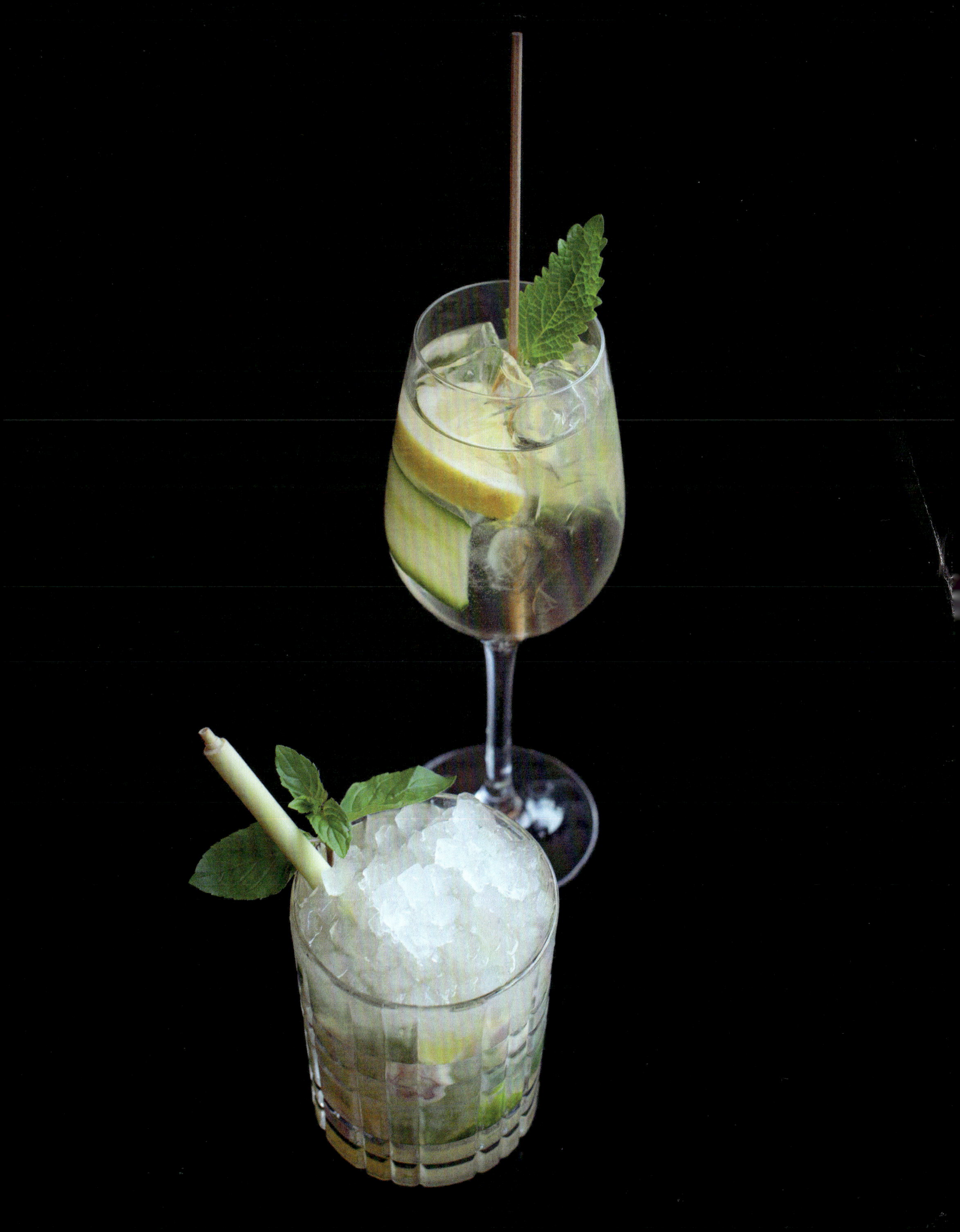

VEGETARISCHE ERNÄHRUNG

Gesunder Genuss
im Hiltl kommen alle zu einem genussvollen Essen

Formen der vegetarischen Ernährung

Es gibt diverse Gründe, warum sich Menschen vegetarisch ernähren. Am häufigsten werden ethische, religiöse, ökologische, philosophische und gesundheitliche Überzeugungen genannt.

Bezeichnung	Verzicht auf*
Ovo-Vegetarier (Ei-Vegetarier)	Fleisch, Fisch, Milchprodukte
Lacto-Vegetarier (Milch-Vegetarier)	Fleisch, Fisch, Ei
Ovo-Lacto-Vegetarier (Ei-Milch-Vegetarier)	Fleisch, Fisch
Veganer	alle tierischen Bestandteile (Fleisch, Fisch, Milchprodukte, Ei, Honig)

*Bei allen Lebensmitteln sind auch die jeweils daraus hergestellten Produkte eingeschlossen.

Gesundheitsaspekte

Epidemiologische Studien[1] zeigen, dass Personen, welche sich vegetarisch ernähren und einen gesunden Lebensstil pflegen:
- ein geringeres Risiko für Herz-Kreislauf-Erkrankungen haben,
- tiefere Blutdruckwerte und bessere Blutfettwerte haben,
- tiefere BMI-Werte aufweisen und somit auch weniger von Adipositas (Fettsucht) und deren Folgekrankheiten betroffen sind. Ein hoher Anteil an Gemüse und Früchten, an Nüssen und an Vollkornprodukten in der Ernährung trägt erwiesenermassen zur Erhaltung und Verbesserung der Gesundheit bei. Eine ausgewogene ovo-lacto-vegetarische Ernährung mit Eiern und Milchprodukten, aber ohne Fleisch und Fisch, kann als gesunde und durchführbare Ernährungsweise betrachtet werden.[2]

Fleischalternativen

Das Hauptrisiko eines Vegetariers besteht darin, dass durch das Weglassen von Fleisch und Fisch bestimmte Nährstoffe wie Proteine (Eiweiss) nicht mehr in genügenden Mengen aufgenommen werden. Fleischalternativen und proteinreiche pflanzliche Lebensmittel sollten deshalb regelmässig auf dem Speiseplan jedes Vegetariers stehen z. B.:
- Tofu: Geronnenes, in Form gebrachtes Sojaeiweiss aus Sojadrink (Sojakäse)
- Quorn: proteinreiches, industriell hergestelltes Produkt aus fermentiertem Schimmelpilz
- Seitan: ein aus der japanischen Küche stammendes Produkt aus Weizeneiweiss (Gluten)
- Sojahack: Aufbereitetes Sojamehl in getrockneter Form oder frisch erhältlich
- Planted: proteinreiches, in der Schweiz hergestelltes Produkt aus Erbsenprotein, Erbsenfasern, Rapsöl und Vitamin B12.
- Lupino (Wolfsbohne): proteinreiches Lebensmittel auf Basis der Samen der Süsslupine, ähnliche Eigenschaft wie Tofu mit intensiv nussigem Geschmack
- Tempeh: Fermentationsprodukt aus Indonesien mit Sojabohnen und Edelschimmelpilzen.

[1] Key TJ, Davey GK, Health benefits of a vegetarian diet, Appleby PN; Proc Nutr Soc. 1999 May; 58(2) 271-5; Ferdowsian HR, Barnard ND; Effects of plant-based diets on plasma lipids, Am J Cardiol. 2009 Oct 1; 104(7): 947-56

[2] Bundesamt für Gesundheit; Expertenbericht der Eidgenössischen Ernährungskommission (EEK); Gesundheitliche Vor- und Nachteile einer vegetarischen Ernährung – Zusammenfassung; 2007

Label (left)		Label (right)
Eier Salat		Guacamole
Fenchel-Äpfel Salat		Bulgur-Kräuter Salat
Okra Antipasti		Tomaten-Mozzarella
Randen-Birnen Salat		Gurken Salat
Broccoli-Edamame Salat		Auberginen Kaviar

HYBRIDES KONZEPT

Angebot & Standorte

Das Haus Hiltl ist heute ein Ort, wo sich Menschen unterschiedlichster Couleur treffen: Studenten, Teilzeitvegetarier, Veganer, Touristen, junge Familien, Grosseltern mit Enkelkindern, «Shopping-Ladys», «Zürcher Szenis» oder Banker von der Bahnhofstrasse. Dies ist dem hybriden und sehr vielfältigen Konzept zu verdanken – denn mit dem Einzug der 4. Generation wurde das Haus Hiltl zum ganzheitlich-nachhaltigen Erlebnis. Herzstück ist das grosse Hiltl Buffet mit über 100 heissen und kalten vegetarischen und veganen Spezialitäten aus der Schweiz und aller Welt. Angefangen hat alles 1898 mit der Eröffnung vom «Vegetarierheim und Abstinenz-Café», damals im Volksmund noch als «Wurzelbunker» bezeichnet. Nach der Übernahme des Betriebs durch Ambrosius Hiltl hat sich das Haus Hiltl in den über 120 Jahren stetig weiterentwickelt, blieb aber immer im Besitz der Familie Hiltl und ist heute nicht «nur» Restaurant, sondern ein umfassender Treffpunkt für gesunden Genuss und facettenreicher denn je.

Das Angebot im Haus Hiltl wurde durch den Hiltl Club, die Seminarräume und die Hiltl Vegimetzg mit der ersten vegetarischen Metzgerei der Schweiz stetig erweitert und mit der Eröffnung der Hiltl Akademie, dem Kompetenzzentrum für gesunden Genuss, im Herbst 2015 gekrönt. Hier werden in Kochkursen und an Kochevents die Löffel geschwungen, lernen Hobbyköche und Profis alles über die grüne und gesunde Küche, gibt die Hiltl Ernährungsberaterin wertvolle Tipps und hier entstehen auch die Hiltl-Kochbücher. **hiltl.ch/akademie**

In der Nacht verwandelt sich das Haus Hiltl in den Hiltl Club und präsentiert dem Zürcher Partyvolk das Beste aus Blackmusic, 90s und Partytunes. **hiltl.ch/club**

Gleich neben dem Haus Hiltl hat 2013 die Hiltl Vegimetzg mit der ersten vegetarischen Metzgerei der Schweiz eröffnet. An der Metzgertheke werden Fleischalternativen wie Tofu, Seitan, Tempeh, Paneer und Soja-Wurstwaren im Offenverkauf sowie vegetarische und vegane Feinkost für zu Hause angeboten. Das Sortiment kann auch über den Onlineshop bequem nach Hause bestellt werden. **hiltl.ch/vegimetzg hiltl.ch/shop**

Im 2. Stock vom Haus Hiltl laden drei originelle Seminarräume ein, inspirierende Meetings in einer ungewohnten Atmosphäre zu halten. **hiltl.ch/seminar**

Heute wird die Hiltl AG mit rund 300 Mitarbeitenden aus mehr als 80 Nationen in vierter Generation durch die Familie Hiltl geführt: mit gesundem Genuss, gastronomischer Leidenschaft und in Verantwortung gegenüber der Schöpfung von Mensch, Tier und Natur. Im edlen À la Carte-Restaurant im Stammhaus an der Zürcher Sihlstrasse genauso wie ausserhalb vom Haus Hiltl: in der Pflanzbar im Blumen Krämer im Herzen von Zürich, zwei Sommer-Restaurants am Zürichsee, auf der Dachterrasse des PKZ women an der Bahnhofstrasse, der Sihlpost direkt beim HB Zürich und dem Hiltl Langstrasse im Kreis 4. Jeder Standort lockt neben dem kulinarischen Angebot mit seinem ganz eigenen Charme sowie origineller und einzigartiger Innenarchitektur. **hiltl.ch/standorte**

Die in der hauseigenen Küche frisch zubereiteten vegetarischen und veganen Köstlichkeiten sind zudem an Caterings von Privat- und Businessanlässen und diversen Events zu geniessen. **hiltl.ch/catering**

LANGSTRASSE
Hiltl

TEAM

Wir sind Hiltl

so international wie unsere Gäste ist die Herkunft unsers Teams.

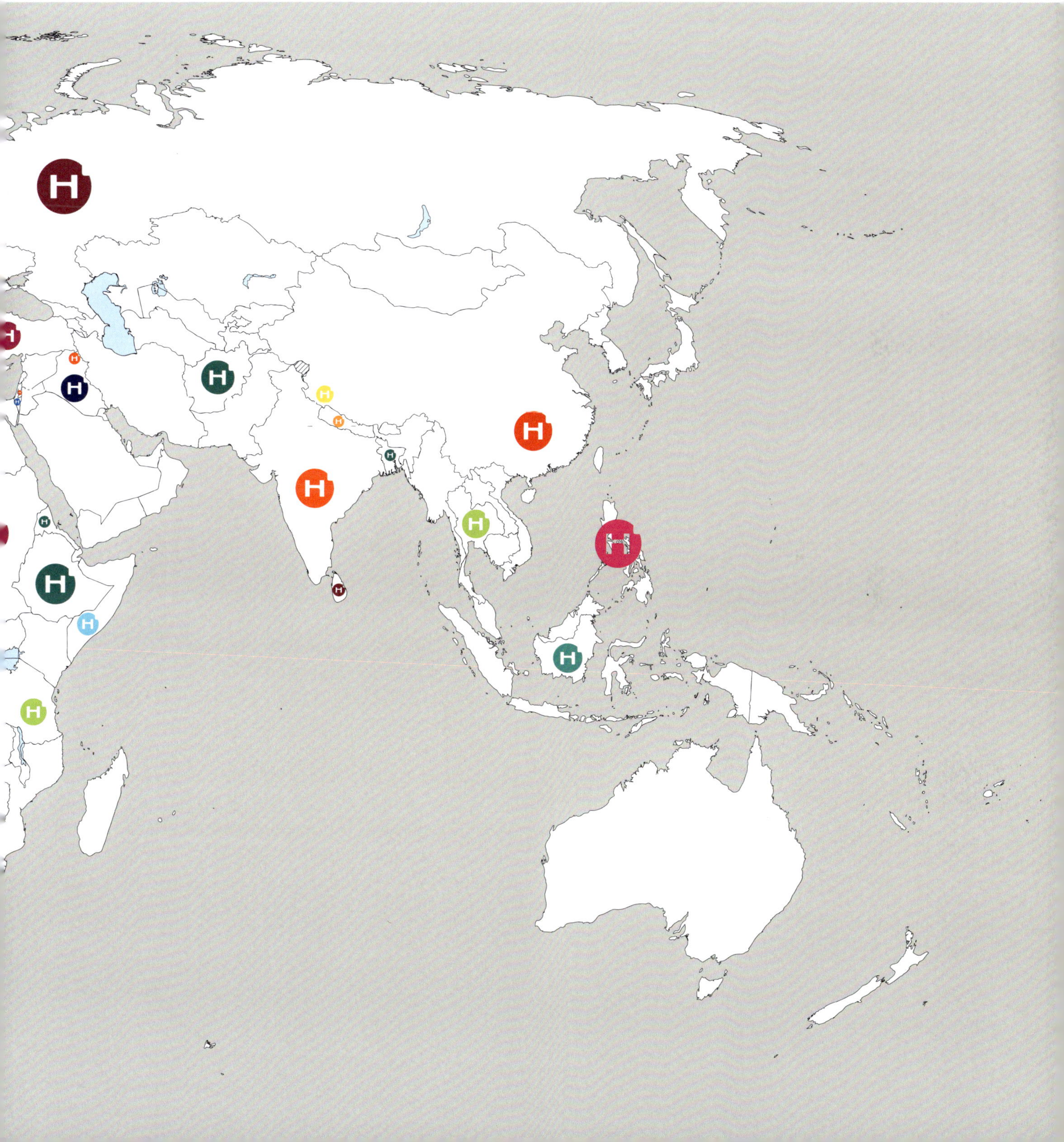

Vom Wurzelbunker zum Gourmettempel

Die Hiltl-Saga oder warum sich das erste vegetarische Restaurant der Welt in Zürich befindet.

Die 1. Generation

Ambrosius Hiltl (1877–1969) liebte alles Schöne – die Oper, die Natur, schöne Bilder und Möbel, Kleider und Reisen. Ausserdem war er ein flexibler Mensch mit Unternehmergeist, Selbstvertrauen und Risikofreude.

Er wuchs als Sohn eines Kleinbauern im bayerischen Neumarkt auf und lernte ein Handwerk, denn – das Wort galt damals noch viel – «Handwerk hat goldenen Boden». Als Schneidergeselle machte er sich auf die Wanderschaft. Fremdes Brot zu essen gehörte in jener Zeit zur Allgemeinbildung eines Handwerkers und wurde von den Berufsverbänden mit 5 Pfennigen Kilometergeld unterstützt. Ambrosius Hiltls Wege führten ihn dabei mehrmals in die Schweiz. Mit Nadel, Faden, Schere und Fingerhut verdiente er sich in Basel, im Jura, in Genf, Liestal, Herisau und Interlaken seinen Lebensunterhalt, bis er sich im Herbst 1897, im Alter von 20 Jahren, in Zürich niederliess.

1898 wurde in Zürich das «Vegetarierheim und Abstinenz-Café» eröffnet. Wegen ungünstiger Lage zog es sehr bald von der Stockerstrasse an die Sihlstrasse 28. Man kam trotzdem auf keinen grünen Zweig – wegen Misswirtschaft einerseits, aber auch, weil die Vegetarier verschrien waren. Zudem war kaum geeignetes Küchenpersonal zu finden.

1901 erkrankte der Schneidergeselle Ambrosius Hiltl an Gelenkrheuma. Sein Arzt fackelte nicht lange und prophezeite ihm den frühen Tod, falls er nicht unverzüglich seine Ernährung umstellen und ganz auf Fleisch verzichten würde. Schmackhafte und abwechslungsreiche fleischlose Mahlzeiten waren damals für einen alleinstehenden Schneidergesellen nicht einfach zu organisieren, und so kam Hiltl durch Empfehlung eines Freundes ins «Vegetarierheim». Der Sonntagsbraten war zu jener Zeit kulinarisch das Höchste der Gefühle, dokumentierte er doch, dass man es zu etwas gebracht hatte und sich Fleisch leisten konnte. Vegetarier wurden als «Grasfresser» verspottet. Dem «Vegetarierheim» verpasste der Volksmund gar den Spitznamen «Wurzelbunker».

Ambrosius Hiltl imponierte die fleischlose Kost, und vor allem führte sie bei ihm zu einer verblüffend raschen Heilung. Deshalb liess er sich nicht lange bitten, als 1903 für den kränkelnden Betrieb ein Geschäftsführer gesucht wurde. Welch eine Herausforderung für den Schneider aus Neumarkt. Der Tagesumsatz im «Vegetarierheim» betrug damals ganze 35 Franken – und damit musste immerhin das Personal (zwei Küchenmädchen, eine Serviertochter und die Köchin) entlohnt werden. Die in einer streng vegetarisch lebenden Familie in Sachsen aufgewachsene Köchin Martha Gneu-

Ambrosius Hiltl

DIE HILTL-GESCHICHTE

Martha Hiltl-Gneupel

pel schwang das Zepter in der Küche und half auch im Service mit. Dank steigendem Umsatz konnte Ambrosius Hiltl den Betrieb 1904 schliesslich übernehmen. Kurz darauf heiratete er Martha Gneupel, und sie hatten zusammen zwei Söhne und eine Tochter.

1907 kaufte Ambrosius Hiltl die Liegenschaft an der Sihlstrasse 28. Verwundert fragten seine Freunde: «Wieso kaufst du ein Haus vor der Stadt?» – Zwischen Bahnhofstrasse und Sihlstrasse war damals ein kleiner Wald, und gegenüber dem Gebäude befanden sich ein alter Friedhof und die St.-Anna-Kapelle. 1909 erhielt die Familie Hiltl das Bürgerrecht von Zürich. 1925 wurde das Restaurant erstmals neu gestaltet. Interessant ist übrigens, dass fast gleichzeitig mit Hiltls Entdeckung der vegetarischen Küche der zehn Jahre ältere Dr. med. Max Bircher-Benner am Zürichberg eine Klinik eröffnete, um seine Patienten mit fleischloser Ernährung zu kurieren. Hiltl und Bircher-Benner entsprachen dabei keineswegs dem Bild des alles verteufelnden Sektierers. Sie interpretierten Nahrung nicht losgelöst für sich allein, sondern im Kontext mit Kultur und Lebensart. So war Ambrosius Hiltl kein lustfeindlicher Moralapostel. Dies bezeugt Dr. Ralph Bircher, der Sohn Max Bircher-Benners, der in einer Festschrift zum 90. Geburtstag

Restaurant-Eingang nach der Jahrhundertwende

Restaurant-Fassade von 1931 bis 1973

Hiltls schrieb: «Da steht der neunzigjährige Pionier vegetarischer Gastlichkeit, Ambrosius Hiltl, und ist das genaue Gegenteil, was die Welt sich unter einem solchen Menschen vorzustellen pflegt, denn er ist robust, vital und jovial wie kaum einer in diesem Alter, ein erfolgreicher Mann von Welt, und alles andere als ein bleicher, schmalbrüstiger, erfolg- und humorloser Sonderling.»

«Mein Grossvater war ein weltoffener und vielseitig interessierter Mann», erinnerte sich Heinz Hiltl. «Er reiste viel und gerne, mischte sich oft unter die Gäste und verstand es stets, eine Atmosphäre zu schaffen, in der sich vor allem Künstler, Politiker und Intellektuelle wohl und inspiriert fühlten.» Diese Tradition ist erhalten geblieben – Prominenz jeglicher Couleur ist im Restaurant an der Sihlstrasse anzutreffen.

DIE HILTL-GESCHICHTE

Die 2. Generation
Exakt an ihrem zwanzigsten Geburtstag trat Margrith Rubli 1926 als Service-Mitarbeiterin ins vegetarische Restaurant der Familie Hiltl ein. Anlässlich ihres achtzigsten Geburtstags erinnerte sich die Jubilarin noch ganz genau an die damals geltenden Arbeitsbedingungen. So sei sie täglich von 7.00 Uhr in der Früh bis 21.30 Uhr abends – unterbrochen von 1 ½ Stunden Zimmerstunde – präsent gewesen. Einen halben Tag pro Woche hatte man frei. Der Monatslohn betrug 60 Franken plus Kost und Logis. Ferien gab es 5 Tage im Jahr – und obwohl ein Kaffee crème nur gerade 25 Rappen kostete, grosse Sprünge habe man da nicht machen können.

Grosse Ehre für Margrith Hiltl: Der indische Premier- und Finanzminister Morarji Desai ist Gast in Zürich und im Hiltl

1931 wurde das Restaurant umgebaut und um den 1. Stock erweitert. Leonhard Hiltl, Sohn von Ambrosius Hiltl und späterer Ehemann von Margrith Rubli, fertigte die Pläne für den Umbau an. Er, der eigentlich am liebsten Architekt geworden wäre, absolvierte dem Familienbetrieb zuliebe eine Konditorlehre. Seiner Initiative verdankte das Hiltl im gleichen Jahr auch die Einrichtung der ersten voll elektrischen Grossküche Zürichs – eine Sensation, die nicht nur in helvetischen Fachkreisen von sich reden machte. Gleichzeitig trat sein Bruder Walter als Küchenchef in den Betrieb ein, wo er in der Folge 40 Jahre lang wirkte. Gekocht wurde hauptsächlich nach den Rezepten von Mutter Martha Hiltl. Vegetarier wurden zu jener Zeit noch immer mit Skepsis betrachtet. Sie galten als eigen oder wurden gar als Spinner verhöhnt. Wer kein Fleisch ass, war kein rechter Mann.

1933 heiratete Leonhard Hiltl die Service-Mitarbeiterin Margrith Rubli. Gemeinsam führten sie nun das vegetarische Restaurant mit viel Engagement. 1951 reiste Margrith Hiltl als offizielle Delegierte der Schweiz an den Welt-Vegetarierkongress nach Delhi. Immer wieder kehrten auch Inder im Hiltl ein, denn für sie war die Auswahl in der konventionellen Schweizer Gastronomie dürftig. Rösti oder Gemüseteller waren dort die ewig gleichen Alternativen zu Fleisch. Das Hiltl muss ihnen wie eine Oase vorgekommen sein, denn Margrith Hiltl beriet die fremden Gäste. Kein Wunder, dass daraus auch freundschaftliche Bezie-

Die erste voll elektrische Küche in Zürich: natürlich im Hiltl, 1931

170 Hiltl

Nach der Renovation 1948

hungen entstanden. Auf diese Weise erhielt Margrith Hiltl bei Bekannten in Indien Einblick in die faszinierende und vielfältige indische Küche.

Voller Enthusiasmus kam sie zurück. Was lag näher, als die gewonnenen Erkenntnisse in die Tat umzusetzen? Im Hiltl sollte man ab sofort auch indische Gerichte bestellen können, beschloss sie. Für Margrith Hiltl war vom ersten Augenblick an klar, dass dies eine willkommene Bereicherung und Erweiterung der Küche bedeutete. Allerdings waren Curry, Koriander, Kurkuma, Kreuzkümmel und Kardamom in dem sich zwar weltoffen gebenden Zürich der 1950er-Jahre nicht so einfach aufzutreiben. Indische Freunde brachten deshalb die exotischen Gewürze und Zutaten auf ihren Reisen in die Schweiz mit. Beim Küchenpersonal jedoch kam Margrith Hiltl mit ihren indischen Gerichten gar nicht gut

an. Kein Mensch würde solch ausländisches Zeug bei uns essen, spottete man und weigerte sich schlichtweg, das Gewünschte zu kochen. Margrith Hiltl liess sich nicht von ihren Plänen abhalten. In ihrer Privatküche bereitete sie die indischen Spezialitäten zu, bis eine ihrer Köchinnen die Zubereitung übernahm. Vorerst gab es indische Küche nur auf Bestellung. Doch immer mehr indische Gäste kehrten im Hiltl ein, und als dann auch noch die Swissair anfragte, ob man für die indischen Flugpassagiere das Essen liefern könne, waren bei den Angestellten die Widerstände endgültig gebrochen.

Als Leonhard Hiltl 1959 mit erst 53 Jahren starb, übernahm Margrith Hiltl die Geschäftsleitung. Dabei wurde sie von ihrem

Hanni und Heinz Hiltl

Sohn Heinz tatkräftig unterstützt. «Für meine Mutter war das Restaurant fortan Familienersatz. Zu ihren Mitarbeiterinnen und Mitarbeitern war sie wie eine Mutter», erinnerte sich Heinz Hiltl. Margrith Hiltl interessierte sich noch mit achtzig Jahren für das Geschäft und schaute täglich vorbei. «Sie hat mich aber immer machen lassen und sich nicht in meine Geschäftsführung eingemischt, und dafür bin ich ihr dankbar», bekräftigte der Sohn.

Die 3. Generation

«Es ist mir keineswegs leicht gefallen, einfach so ins zweite Glied zurückzutreten und mehr und mehr meinen Sohn machen zu lassen. Als Rolf in unser Geschäft eintrat, war ich schliesslich gerade erst 53», analysierte Heinz Hiltl (1937–2001) die Stabsübergabe an seinen Sohn Rolf. Man glaubt ihm aufs Wort – hat er doch bis zuletzt immer wieder mit Neuerungen in der Fachwelt von sich reden gemacht. Doch für einmal ging das Loslassen eines Seniors ohne Nebengeräusche über die Bühne. «Wenn man einen Nachfolger hat, der vorwärts stürmt, dann darf man ihn nicht bremsen, bis er alle Kraft verpufft hat.»

Lehr- und Wanderjahre, wie sie sein Sohn Rolf nach der Ausbildung absolvieren konnte, blieben für Heinz Hiltl Wunschdenken. Nach dem frühen Tod des Vaters (der Sohn war gerade 22-jährig) hiess es für ihn, direkt nach der Hotelfachschule seine Mutter im Betrieb zu unterstützen. Interessante Parallele: Auch Heinz wollte – genau wie Rolf 30 Jahre später – zuerst wissen, wer wann und warum vegetarisches Essen bevorzugt. Die damals durchgeführte Studie ergab unter anderem, dass Menschen unter 30 am ehesten bereit sind, ihre Ernährungsgewohnheiten zu ändern. Selber jung, war Heinz Hiltl davon überzeugt, ein jüngeres Publikum anlocken zu können, wenn es gelänge, ideologischen Ballast abzuwerfen.

In den Jahren 1968 und 1969 besuchte Heinz Hiltl das vom Schweizer Hotelier-Verein erstmals angebotene Unternehmerseminar. «Das war ungeheuer spannend. Ich habe viele interessante Leute kennengelernt. Das Seminar hat mich unglaublich inspiriert, und ich war voller Enthusiasmus», schwärmte er. Rund um das Restaurant hatte sich die Stadt in den letzten Jahrzehnten immer mehr ausgedehnt. So befand sich das einst am Stadtrand gelegene Lokal inzwischen im Zentrum. Noch kamen die Gäste aus allen Himmelsrichtungen, aber viele arbeiteten auch in den Bürogebäuden der näheren Umgebung. Grund genug für Heinz Hiltl, seine Visionen umzusetzen.

1973, nach einem spektakulären Umbau, eröffnete er das neue «Hiltl Vegi». Attraktiv und neu für Zürichs Gastro-Szene waren vor allem das Salatbuffet und ein reichhaltiges Angebot an natürlichen Säften. Der «Indian Tea and Ravaya Corner» im 1. Stock war eine Hommage des Sohnes an die Mutter, die allen Widerständen getrotzt und indische Gerichte im Hiltl – vorerst nur für Inder auf Besuch in Zürich, später erfolgreich auch für das einheimische Publikum – eingeführt hatte. Mit dem neuen Konzept öffnete man sich für ein breites Publikum. Das Hiltl Vegi war zu einem Restaurant geworden, das sich in nichts von anderen Gaststätten unterschied, ausser dass es ausschliesslich vegetarische Gerichte servierte und seiner Zeit ein bisschen voraus war.

«Ich verzichtete bewusst auf Gewinnmaximierung und entschied mich für Gewinnoptimierung, wobei ich immer wieder überprüfte, ob mein persönlicher Einsatz im Betrieb noch mit der Zielsetzung für mich als Mensch, für uns als Familie übereinstimmte und ob ich die persönliche Verantwortung vor Gott für die Art und Weise des Einsatzes meiner Mitarbeiter übernehmen konnte. Denn geschäftlicher Erfolg war stets nur Teilziel meines persönlichen Lebensziels», zog Heinz Hiltl Bilanz. Als einer, der

Das Restaurant nach dem Umbau 1973

Sorgte für Gesprächsstoff: Die Fassade mit den Acrylglas-Röhren

sich nicht nur um seine eigenen Angelegenheiten kümmert, war Heinz Hiltl auch aktiv in verschiedenen Gremien und Gastgewerbe-Organisationen engagiert. «Diese Engagements haben mich nicht nur Zeit gekostet, sie gaben mir auch immer wieder neue Impulse und ich lernte viele Leute aus der Branche kennen.»

Die 4. Generation

Der Familienbetrieb interessierte Rolf Hiltl (geboren 1965) zwar schon als Dreikäsehoch, doch keinesfalls wollte er auf die einfache Tour und auf dem direkten Weg ins väterliche Geschäft einsteigen. So absolvierte er eine Kochlehre im Grand Hotel Dolder in Zürich, wo man die gute französische Küche nach Altmeister Escoffier pflegte – mit Fleisch versteht sich. Ein allzu eifriger Vegetarier war er sowieso nicht, musste er sich doch des elterlichen Betriebes wegen oft genug die Hänseleien seiner Mitschüler gefallen lassen.

Nach dem Dolder folgten die Hotelfachschule in Lausanne und Auslandsaufenthalte in San Francisco, Acapulco und Paris. Rolf Hiltl war voller Pläne, und am liebsten hätte er ein Restaurant mit einer Bar in San Francisco eröffnet. Doch da zeigte sich, dass das Hiltl Vegi an der Sihlstrasse – zwar nach wie vor beliebt – ein bisschen träge geworden war und ein paar neue Ideen und etwas frischen Wind gut gebrauchen konnte. Vater Heinz Hiltl, der zu Beginn der 1970er-Jahre mit seinem Umbau

Zum 100-Jahr-Jubiläum liess Hiltl die Fassade mit Gras überwachsen

die Fachwelt schockierte, wollte Neues nur gemeinsam mit seinen Nachfolgern planen. Seine Tochter Sonja wurde Kindergärtnerin, aber sein Sohn Rolf liess seine Auslandpläne

Neujahr 1998: Rolf Hiltl startet ins nächste Jahrhundert

DIE HILTL-GESCHICHTE

fallen. «Ich glaube, mein Vater hatte schon manchmal Mühe mit mir, weil ich ständig wieder etwas veränderte und immer wieder Neues ausprobierte», schmunzelt er. «Aber bei uns Schweizern dauert halt auch alles immer so lange.» Rolf Hiltls Motto ist eher amerikanisch: «Trial and error» – ausprobieren und laufend verbessern – heisst seine Devise.

Eigentlich hätte sich der Urenkel von Gründer Ambrosius Hiltl auf seine Intuition verlassen können: Eine 1990 in Auftrag gegebene Studie bestätigte seine Vermutung, dass sich das Bild des Vegetariers grundlegend gewandelt hat. Statt heroischen Verzichtens ist lustvolles Verweigern angesagt, und wer wenig oder gar kein Fleisch isst, ist geradezu «in». Doch fleischlos ist weder lieblos noch lustlos – im Gegenteil: Der moderne Teilzeit-Vegetarier ist ein Feinschmecker, der gesundes Essen mit Genuss kombiniert. Diesem Trend trägt das heutige Konzept voll und ganz Rechnung. Gepflegte Weine und Spirituosen, aromatische Tees und Kaffee sind ganz selbstverständlich auf der Speisekarte. Der von Rolf Hiltl entscheidend geprägte, 1993 erfolgte Umbau im Bistro-Stil, signalisiert den neuen Stellenwert der vegetarischen Küche.

Rolf und Marielle Hiltl mit Céline, Léna und Téo

Am 1. Januar 1998 – hundert Jahre nach der Gründung des ersten vegetarischen Restaurants der Welt – hat Rolf Hiltl den Betrieb und damit die volle Verantwortung dafür von seinen Eltern übernommen. Er hat sich zu diesem Zeitpunkt wohl noch gar nicht vorstellen können, wie schnell die Popularität der fleischlosen Küche wachsen kann. Entsprechend kamen vermehrt Anfragen für weitere Hiltl-Betriebe aus dem In- und Ausland. Im Jahr 2000 konnte zusammen mit Partnern, den Gebrüdern Frei, «tibits» gegründet werden (tibits.ch)

Das Haus Hiltl wird, wie seit 1898, auch in Zukunft an der Sihlstrasse in Zürich durch die Familie Hiltl geführt und lädt von frühmorgens bis spätnachts zu gesundem Genuss ein. Heute betreibt die Hiltl AG fünf Restaurants mit Hiltl Buffet und Take-Away in der Stadt Zürich und zwei Sommerrestaurants am Zürichsee. **hiltl.ch**

HILTL FÜR ZU HAUSE

Kochbücher

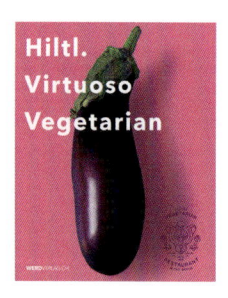

Hiltl. Vegetarisch nach Lust und Laune.
Das erste Kochbuch erschien 1998 zum 100-jährigen Jubiläum und ist in Deutsch, Englisch und Französisch erhältlich

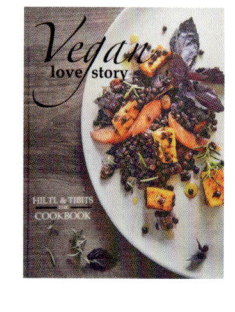

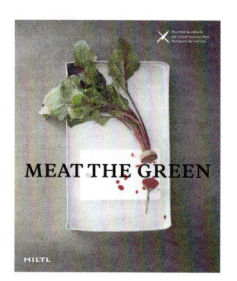

Meat the Green
Zum zweijährigen Jubiläum der ersten vegetarischen Metzgerei der Schweiz 2015 enthüllte dieses Buch 60 neue Rezepte, darunter auch das vom berühmten Hiltl Tatar. Erhältlich in Deutsch, Englisch und Französisch.

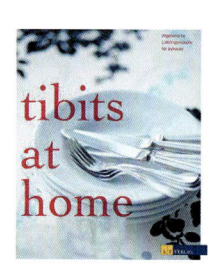

Globi kocht vegi
Über 60 Rezepte zeigen den Kindern die bunte Welt der vegetarischen Küche, die sowohl exotische, einfache wie auch ganz bekannte Schlemmereien zu bieten hat. Das Buch erschien 2011 und ist erhältlich in Deutsch.

Vegan Love Story
Zusammen mit unseren Freunden von tibits lancierten wir 2014 unsere ganz persönliche Liebeserklärung an die genussvolle vegane Küche. Erhältlich in Deutsch, Englisch und Französisch.

tibits at home
Zum 10-jährigen Jubiläum veröffentlichte tibits 2010 erstmals 50 Lieblingsrezepte. Erhältlich in Deutsch und Englisch.

#tibits
2017 erschien dieses Buch mit 60 neuen vegetarischen und veganen Rezepten aus der tibits Kreativküche. Erhältlich in Deutsch und Französisch.

Greentopf
Auf Initiative der Lehrperson Franziska Stöckli entstand 2019 in Zusammenarbeit mit der Hiltl Akademie, dem Kompetenzzentrum für vegetarische und vegane Küche, der Greentopf: ein multikulturelles Kochbuch mit vegetarischen Rezepten aus aller Welt, geprägt von den Ideen und Vorlieben junger Menschen. Erhältlich in Deutsch.

Alle Hiltl-Kochbücher und noch mehr gesunder Genuss sind unter **hiltl.ch/shop** erhältlich.

SCHWARZE
KICHER-
ERBSEN